但闻人道絮语声

——红十字人道工作笔记

涂文涛　著

合肥工业大学出版社

图书在版编目(CIP)数据

但闻人道絮语声:红十字人道工作笔记/涂文涛著. —合肥:合肥工业大学出版社,2017. 12

(红十字文化丛书)

ISBN 978 - 7 - 5650 - 3783 - 2

Ⅰ. ①但…　Ⅱ. ①涂…　Ⅲ. ①红十字会—工作—文集　Ⅳ. ①C913. 7 - 53

中国版本图书馆 CIP 数据核字(2017)第 318789 号

但闻人道絮语声——红十字人道工作笔记

涂文涛　著

责任编辑　章　建　张　燕
出版发行　合肥工业大学出版社
地　　址　(230009)合肥市屯溪路 193 号
网　　址　www. hfutpress. com. cn
电　　话　总　编　室:0551-62903038
　　　　　市场营销部:0551-62903198
开　　本　710 毫米×1000 毫米　1/16
印　　张　16
字　　数　278 千字
版　　次　2017 年 12 月第 1 版
印　　次　2017 年 12 月第 1 次印刷
印　　刷　安徽昶颉包装印务有限责任公司
书　　号　ISBN 978 - 7 - 5650 - 3783 - 2
定　　价　48. 00 元

总　　序

150年前，高举人道主义旗帜，旨在促进人类持久和平的红十字运动在欧洲兴起并迅速走向世界。100多年来，红十字会为世界和平与发展做出的巨大贡献有目共睹，因而日益受到世界各国、各地区的欢迎，已发展成为与联合国、奥委会并称的世界三大国际组织之一。究其原因，乃其所奉行的七项基本原则——也是红十字文化的内核——涵盖了世界上各种不同文化的共同点，能为文化和制度不同的国家所接受，故而具有强大的生命力。

100年前，红十字运动东渐登陆中国。在其中国化的发展过程中，红十字会不断吸取中国传统文化的精髓，茁壮成长，逐步形成了“人道、博爱、奉献”的文化内涵，并成为中华文化的瑰宝之一。

百余年来，红十字运动在波澜壮阔的实践中积累了丰富的经验，也留下了许多教训。经验与教训需要上升为理论，也只有理论才能更好地指导红十字事业持续、健康发展。学界、业界对此都进行了持续的关注。

2005年12月7日，苏州大学社会学院与苏州市红十字会携手合作，成立全国首家红十字运动研究中心，旨在通过学界和业界的联合，推动和加强红十字运动的理论研究，探究红十字运动中国化的过程与特色，凝练红十字文化价值，探求红十字运动在构建国家软实力和促进中华民族伟大复兴中的地位与作用。同年12月9日，中国红十字会总会也提出，“确定一批研究课题，组织专家学者开展对国际红十字运动及中国红十字运动的深入研究”[①]。由此，学界、业界共同开展了对红十字运动

① 中国红十字会总会：《关于加强和改进宣传工作的意见》，红总字〔2005〕19号。

的学术研究与理论探讨。

多年来，红十字运动研究中心除通过专业网站（http：//www. hszyj. net）发布和交流学界、业界动态外，已出版研究成果数十部；帮助一些地方红十字会建立与高校的合作，搭建平台，共同开展研究；举办了首届红十字运动与慈善文化国际学术研讨会；培养了一批专门研究红十字运动的生力军；积累了大量的学术资料。中心主要研究人员还借助在各地讲学的机会，传播重视红十字运动研究的理念。正是在红十字运动研究中心的引领之下，红十字运动研究在中华大地上呈现出生机勃勃的发展态势，并取得了丰硕的成果，“新红学”① 呼之欲出。仅以2011年为例，各地以纪念辛亥革命100周年为契机，纷纷整理、编辑出版了地方红会百年史；有的红会还与高校合作组建相关研究中心；等等②。这些方式有力地推动了红十字运动研究向更深更广的方向发展。

当今世界正处于大发展大变革大调整时期，多极化、经济全球化深入发展，科学技术日新月异，各种思想文化交流交融交锋更加频繁，文化在综合国力竞争中的地位和作用更加凸显。2011年10月18日，党的十七届六中全会通过的《中共中央关于深化文化体制改革　推动社会主义文化大发展大繁荣若干重大问题的决定》，提出要推动社会主义文化大发展大繁荣。11月7日，教育部发布了《高等学校哲学社会科学繁荣计划（2011—2020年）》，大力提升高等学校人才培养、科学研究、社会服务、文化传承创新的能力和水平。12月7日，全国人大常委会副委员长、中国红十字会会长华建敏在中国红十字会九届三次理事会上提出，“要深化理论研究，充分挖掘红十字文化内涵，推进红十字文化中国化，广泛传播人道理念，在全社会推动形成良好的道德风尚”③。红十字“文化工程”已然成为红十字会总体建设目标之一④。进一步加强与

① 在2009年4月于苏州大学召开的“红十字运动与慈善文化”国际学术研讨会上，红十字运动研究中心主任、江苏红十字运动研究基地负责人、苏州大学教授池子华指出，经过100多年波澜壮阔的实践发展和学术界呕心沥血的开拓性研究，在人文社科领域构建一门“新红学”——红十字学，条件已经具备，时机已经成熟。见池子华：《创建“红十字学”刍议》，《中国红十字报》2009年4月17日。

② 池子华、郝如一：《2011年红十字理论研究之回顾》，《中国红十字报》2012年1月3日。

③ 《中国红十字会九届三次理事会召开》，《中国红十字报》2011年12月9日。

④ 池子华：《“文化工程”应成为红十字会总体建设目标之一》，《中国红十字报》2009年12月11日。

拓展红十字运动理论研究，尤其是对红十字文化中国化的研究，已成为历史与现实的呼唤。

有鉴于此，红十字运动研究中心继续发挥高等学校与业界合作的优势，汇聚研究队伍，科学选题，出版一套“红十字文化丛书”，弘扬有利于国家富强、民族振兴、人民幸福、社会和谐的思想和精神，凸显红十字文化在中国文化园地中的地位，使红十字文化在神州大地上更加枝繁叶茂，促进中国红十字事业可持续发展，推动红十字文化的国际交流。

“红十字文化丛书”的出版，得到了中国红十字基金会、江苏省红十字会、苏州大学社会学院、上海市嘉定区红十字会、浙江省嘉兴市红十字会、江苏省盐城市盐都区红十字会等单位的鼎力支持，也得到红十字国际委员会东亚代表处及中国红十字会总会的关心和指导，在此谨致衷心感谢。

池子华

2012年6月于苏州大学

序一：努力传播红十字好声音

文涛同志是湖北省红十字会的一名宣传干部，他负责湖北省红十字会宣传工作这几年，经常在《中国红十字报》、《博爱》杂志等媒体上发表文章。我认识他也是从看他的文章开始的。

文涛同志勤于思考，善于发现，笔耕不辍，在工作之余发表了不少关于红十字工作的文章。他发表的文章既有对全省红十字会亮点工作的及时报道，也有对业务工作的思考总结，还有对红十字运动历史的深入探寻。通过他的文字，我能够及时了解到湖北省红十字会工作的一些情况。可以说，文涛同志为传播红十字好声音付出了艰辛努力，做出了积极贡献。作为一名地方分会的工作人员，有这样的责任意识、敬业精神和文字功底，非常难能可贵，令人钦佩。

习近平总书记2015年在会见中国红十字会“十大”代表时指出，“红十字是一种精神，更是一面旗帜”；“要结合培育和践行社会主义核心价值观，在全社会弘扬人道、博爱、奉献精神，弘扬正能量，引领新风尚”。习近平总书记的重要讲话，既是对红十字运动的高度评价，也是对红十字工作者的巨大鼓励；既是对红十字工作提出的要求，也为红十字事业指明了方向。人道、博爱、奉献的红十字精神，与中华民族优秀传统文化一脉相承，与社会主义核心价值体系高度契合，是社会主义核心价值体系建设的重要内容，也是人类社会文明进步的重要体现。大力弘扬红十字精神，广泛传播红十字文化，是各级红十字会和广大红十字工作者应尽的职责。每一个红十字人，无论身处哪个角落，无论从事哪项工作，都应该一边实践一边思索，一边行动一边高“歌”，在推进中国特色红十字事业的征程中，留下前行的足迹，书写奋进的历史。

文涛同志就是这样一位边实践边思考、边行动边传播的红十字人。我们期待他撰写更多富含正能量的文字，努力传播红十字好声音。

是为序。

中国红十字会副会长　王汝鹏

2017 年 9 月

序二：做红十字的忠实故事官

文涛同志勤学善思，对红十字工作一腔热情。近年来，他在宣传工作岗位上写下了大量新闻作品，同时对红十字会工作做了许多归纳与思考，一些理论文章也发表于报纸杂志。文涛同志撰写的新闻报道，集中反映了湖北省红十字会系统的工作实践，消息、通讯、人物专访、社论等等，呈现了亮点与特色；各类理论文章，紧扣湖北省情和红会特点，提炼、归纳、探寻、启示，呈现了改革创新的内核，值得全省红十字工作者阅读。

本册39篇文稿，不仅折射出一名“痴情的”红十字人对事业的深入思索，也从另一个维度折射出我省红十字事业近年来的发展历程。每一条新闻，背后都有一个红十字故事。故事中的那些人、那些事，传递着人道温度，延续着美好与感动，彰显着人性的光辉。红十字会不缺好故事，但缺少好的故事官。挖掘故事、提炼故事并传播故事，文涛就是湖北省红十字会的忠实故事官。

书中的那些故事，呈现了骨髓与器官捐献的凡人善举所传递出的那份感动；红十字志愿者服务乡村农家、关爱留守儿童、参与社会治理、实现“救”在身边的那份无悔；资助贫困家庭白血病患儿、守望人道初心的那份大爱；贫寒学子获得资助走进大学的那份喜悦；应急救护师资开展普及培训、保障群众生命与健康的那份执着；红十字人对过去反思和对未来展望、践行人道为民誓言的那份铿锵。

那感动、那无悔、那大爱、那喜悦、那执着、那铿锵，汇集成红十字故事，汇集成人道的絮语，记录下失智老人对温暖的向往，贫寒学子因梦想扇动的翅膀，白血病童回归校园的渴望，捐髓救人大爱的回响，军魂烈烈撞击胸膛，老父苍苍泪洒捐赠现场，“生命快递”传来的希望，山谷林间红十字无悔地奔忙……红十字故事，弘扬正能量，引领新风尚。

湖北省红十字会将认真贯彻习近平总书记在接见中国红十字会第十次全国会员代表大会代表时的讲话精神和中央群团工作会议精神，以发挥人道领域助手、联系困难群众的桥梁纽带作用为使命，着力构建红十字“3+1”服务平台，扎实开展十二项核心业务，打造看得见、有感觉、敢放心、广传颂的“四维公信力”，广泛动员人道资源，为湖北“建成支点、走在前列”做出应有的贡献。

期待全省红十字工作者，都来争当红十字忠实的故事官。讲好红十字故事，传递人道好声音。

是为序。

湖北省红十字会党组书记、常务副会长　宋悦明

2017 年 9 月

序三：理论研究的“行动”者

我曾经写过一篇文章，题目是《红十字理论研究：“心动”与“行动”》，认为理论研究是“心动”与“行动”有机结合的过程。只有把“心动”与“行动”完美结合起来，才能不断开创理论研究的新境界。

所谓“心动”，是指理论研究的重要性在红十字人内心深处激起的共振共鸣，由衷认识到理论研究对繁荣红十字文化，提升“软实力”，促进红十字事业发展所具有的特殊价值和构建和谐社会、培育与践行社会主义核心价值观的积极意义。理论研究的“心动”，是理论研究意识的内在机理，是理论自觉的体现。“心动”是“行动”的内生动力，只有“心动”，才会有“行动”的持续。

所谓“行动”，是指理论研究意识付诸实践的过程。理论研究的开展，即“行动”，是“心动”的外在表现，是主观能动性的表达方式，是理论自觉的“兑付”行为。

应该说，近年来红十字会在理论研究方面有“心动”，也采取了“行动”，取得了一些成果，但因受制于各种客观条件，包括人力、物力、财力，没有广泛的“行动”，根子还是“心动”动力不足。突破限制，创造条件，在力所能及的范围内最大限度地开展理论研究，才是真正意义上的“行动自觉”，才是“心动”与“行动”的完美统一。文涛同志做到了，《但闻人道絮语声——红十字人道工作笔记》，就是“心动”与“行动”的结晶，在此向他表示祝贺。

其实，理论研究并非高深莫测、令人望而生畏的“玄学”，也不能单纯理解为“研究理论”。说白了，理论研究涉及红十字会工作的方方面面，新版《中华人民共和国红十字会法》赋予的红会9项职能，哪一项不是千头万绪！如何把工作做得更好，就需要不断总结经验教训，这就是理论研究。除此之外，红会的“多边”关系，也是理论研究题中应有之义，诸如红会与政府之间的关系、与其他社会组织之间的关系、与市场的关系、与捐赠人之间的关系、与受助者之间的关系等等，都是理论研究的课题，都需要进行理性的思考。显然，理论研究不是“空对空”的海市蜃楼、“空中楼阁”，而是摆在我们面前的非常现实的问题。进行理论研究，学界固然责无旁贷，但同样也是每个红十字人的基本“业务”，就像文涛那样，勤于思考，笔耕不辍，把理论与实践结合起来。这对传播红十字文化，弘扬红十字精神，推进工作的开展，多有裨益。

作为一部文集，《但闻人道絮语声》编排有序，结构合理，文笔清新活泼而不失深沉。难能可贵的是，文章在凸显湖北省红十字会“地方特色”的同时，放眼全局，提出了许多建设性建议，发表了不少真知灼见，诸如《红十字文化传播的八个关键词》《五个维度看“中山慈善万人行”》《弘扬人道精神　打造“四维”红十字会党员干部队伍》等，无不闪耀着思想者的“火花”。“接地气”的文字，引人入胜，读后余音绕梁，颇具感染力，使人在不知不觉中感悟人道的力量。这是一部“好看”的书，值得业界、学界同仁学习。

“心动”贵在有恒，“行动”贵在坚持。文涛年轻有为，相信他会一如既往做理论研究的“行动”者，更希望越来越多的红十字人，“心动”起来，“行动”起来，为红十字理论研究、文化建设贡献才智。

是为序。

红十字运动研究中心主任、苏州大学教授　池子华

2017年9月于姑苏

自　序

我是2010年10月转业到湖北省红十字会工作的。7年时间，不长也不短，我先后在办公室、事业发展部、赈济救护部工作，自我归纳为“初识红十字、打造暖新闻、但闻絮语声”三个阶段。这大概能呈现我在“人道学堂”7年的成长经历吧。

现将近年来陆续刊发的27篇文稿，加之12篇未刊发的文稿，共计39篇辑录成册，作为对关心我的领导、帮助我的同事、鼓励我的朋友的一种汇报，对一直默默支持我的家人的一种答谢，对自己所历经的这段别具意义的成长之路的一种回望与总结。

涂文涛

2017年9月于武汉

目　录

一、理论探索

二、工作随笔

三、新闻通讯

四、发言摘录

一、理论探索

关于加强省红十字会机关党委制度建设的几点思考

省红十字会机关党委负责党的路线、方针、政策，以及中国红十字会总会党组、省委和省红十字会党组的决定、决议在机关的宣传和贯彻落实，支持和协助会领导完成机关所担负的工作任务，是推动全省红十字事业科学发展的重要力量。加强机关党委制度建设，关系机关能否完成年度工作责任目标，能否扎实有效地做好机关党委各项日常工作，能否全面落实中国红十字会总会“能力建设年”活动的有关要求。以制度建设为中心，提升能力建设水平，积极推动红十字事业又好又快发展，应该成为我省红十字工作的题中应有之义和重中之重。

首在健全，贵在创新，重在执行

邓小平同志指出：“制度问题带有根本性、全局性、稳定性和长期性。”制度建设在一定程度上反映了一个组织的能力建设水平，也在一定程度上决定了一个组织有效实现科学持续发展的能力。当前，加强制度建设，必须在规范、创新和落实上下功夫、见成效。

一是必须坚持健全制度，在提升规范化上下功夫。制度建设是一项系统工程，因此必须要健全制度，优化制度结构，既要重视基础性制度建设，又要重视具体制度和实施细则的制定；既要重视单项制度的建设，又要重视各种制度的科学优化配置。近年来，省红十字会机关党委加大了建章立制的力度，先后组织制定和规范了会议、公文处理、公务接待、捐赠物资管理、志愿服务、会员管理、新闻宣传、冠名医疗机构等工作，内容涵盖政务、业务、财务等方面，机关内部管理逐步顺畅，以制度管人、管财、管事，以制度规范工作的局面逐步形成。实践证明，红十字会的制度越健全、操作越规范、办事越透明，运转良好的省级红十字会建设进程就推进得越顺利，社会公信力就会越强。

2013年1月7日，“红十字博爱送万家”活动在武汉市江夏区启动。全国政协第十一届副主席、中国红十字会名誉副会长李金华，时任中国红十字会党组书记、常务副会长赵白鸽，在时任省委常委、省委统战部部长、省红十字会会长张岱梨的陪同下，到江夏区五里界街道群益村看望慰问困难群众

二是必须坚持与时俱进，在推进制度创新上下功夫。中国红十字会是全国统一的红十字组织，是受国际红十字组织和国家双重赋权的从事人道主义工作的社会救助团体。作为党领导下的具有独特作用的公益慈善组织，必须强化机关党委在机关建设中的带动和引领作用，以制度的创新带动能力的提升。当前，红十字会在加强和创新社会管理、建设枢纽型社会组织中可发挥独特作用，红十字事业面临重要战略机遇期，必须认真研究这些新形势、新任务，把贯彻落实《中华人民共和国红十字会法》、相关法律法规和国家政策与破解红十字事业发展难题紧密结合起来，创新工作思路，积极争取党委、人大和政府及有关部门支持，研究出台适合本地实际、具有当地特色的政策，机关党委要发挥好助手作用，助推红十字事业发展。要根据客观形势的变化，不断从国内外红十字事业发展的实践中汲取营养，不断提高理论研究的能力和水平，不断丰富和发展红十字理论，用好的理论更好地指导实践工作。今年，省委常委会议决定以省委、省政府的名义发文，就进一步加强新时期全省红

十字会工作提出意见，文件可望于 11 月份正式出台。《意见》将坚持与时俱进，对机制创新、理念创新提出要求，面向社会，开放运行，为全省各级红十字会创新工作提供政策依据和支持。

“红十字博爱送万家”活动发放的红十字家庭包等慰问物资，在村民中间张榜公示

三是必须坚持抓好制度落实，在提高制度执行力上下功夫。“徒法不足以自行”，再好的制度，如果不重视执行，也会形同虚设，难以发挥应有的效力。因此，机关党委既要重视制度的制定，又要抓好制度落实，提高制度的执行力，切实当好“监督员”“守门员”“裁判员”。要建立健全制度执行保障机制，明确责任部门和责任人，明确执行时限和阶段性要求，及时排除工作中的障碍和阻力，为制度执行创造良好的环境和条件。

选好人，理好财，办好事

当前，红十字事业面临重大战略机遇期，但也存在一些影响和制约发展的问题。具体而言，就是在“人”“财”“事”等方面存在一些亟待破解的问题。必须依靠制度的力量，用制度来选好人、理好财、办好事，从而大力推进事业发展。

一是必须依靠制度解决好“人”的问题。当前，省红十字会内设机构不健全，人员编制少，与全国水平相比已属滞后，与当前湖北经济社会发展的良好势头亦不相适应。目前，理顺红会体制存在诸多阻力和障碍，有历史原因，有传统意识，有实际困难，也有思想认识不到位以及思想比较保守、目光不长远、积极性不高、顾忌较多等问题。究其原因，与缺少一套行之有效的选人用人机制和干部培训、考核、奖惩等制度不无关系。作为公益性的社会组织，只有完善用人制度，科学选用人才，最大限度地发掘人的工作潜能，才能切实提升组织的整体能力。机关党委具有对机关行政干部的任免、调动和奖励提出建议的职责，要根据红十字事业发展新形势、新任务的需要，积极配合党组用制度选人，靠制度用人，切实把机关干部队伍中坚持科学发展有韧劲、谋划科学发展有思路、推动科学发展有作为的优秀干部选出来、用起来。通过制度选人和制度用人，在干部队伍中营造创优争先的浓厚氛围。

二是必须依靠制度理好“财”。机关党委具有支持和协助行政负责人完成会机关所担负的工作任务的职责。募捐和筹资是红十字会的重要职责，“财”取之于社会，用之于困难群体。用制度理好财，一是要广开“进口”，积极探索项目筹资、定向筹资，加强与省内大企业联系，培育和发展长期固定捐款人，充分发挥手机短信捐款功能等，在发挥红十字“无形资产”强大筹募功能、创新筹资募捐机制上坚持“四要”，即：工作思路和工作方法上要有世界眼光，创新体制机制上要破除传统思维定式，打造亮点、创新品牌上要体现湖北特色，破解筹资难题上要注重策划持续推进。要积极主动地分析新形势，出台新政策，从实际出发，用制度聚财、用制度生财。二是要严把“出口”，严格资金和财务管理，提高红十字会的社会公信力。要做到“内外兼修”：“内”，就是要建立健全自律机制，严肃财经纪律，严明财务制度，严格财务审批；“外”，就是要不断完善社会监督机制，建立和强化财务管理的长效机制，每年定期向理事会报告财务收支情况，主动接受有关部门的审计和监督检查，及时向社会公布捐赠款物的接收和使用情况。要切实依靠制度管好财、用好财。

三是必须依靠制度办好“事”。构建社会主义和谐社会，加强以全面改善民生为重点的社会建设，为发展红十字事业提供了广阔舞台。红十字会要抢抓机遇，主动作为，办好解民忧、顺民意、惠民生的好事、善事、实事，归根结底在于发挥制度优势。红十字会机关党委要切实按照《中华人民共和国红十字会法》《中国红十字会章程》和国务院办公厅《转发中国红十字会总会〈关于进一步加强红十字会工作意见〉的通知》等红十字会“根本大法”和“根本制度”，依法照章办事，创先争优干事，科学前瞻谋事，积极推进事业发展。要切实依靠《湖北省实施〈中华人民共和国红十字会法〉办法》和即将出台的《中共湖北省委湖北省人民政府关于加强新时期全省红十字会工作的意见》及其他“本土制度”，在抓好理顺管理体制、参与重大灾害救援、实施红十字救助特色项目、弘扬传播人道价值、关爱生命保护健康、提升干部队伍能力等大事和要事中发挥组织与协助作用，在会领导牵头负责建立健全决策议事、执行落实、监督考核、反馈评价等制度中发挥主力军作用，依靠制度破解红十字事业发展的瓶颈问题。

保障给力，防微杜渐，引领发展

加强制度建设，推进能力建设，必须着眼基础，保障给力，防微杜渐，引领发展。

一是必须充分发挥制度助推发展的保障作用。制度是规范行为、推进工作的重要保障。现代社会学家认为，制度高于技术。要发挥制度的保障作用，就要着眼基础，着力健全各项制度和科学优化配置制度体系，要分析梳理现有制度，加大制度“立、改、废”的力度，积极稳妥地推行一批制度、催熟一批制度、储备一批制度，形成一套用制度管权、按制度办事、靠制度用人的长效机制。发挥制度的保障作用，就要在制度建设上切中肯綮，要立足当前、着眼全局、谋划长远，确保出台的制度管长远、成常态。不能仅仅停留在解决操作层面上的问题，更重要的是要解决影响红十字事业发展的体制机制问题。要深入研究、科学制定红十字会在组织建设、募捐筹资、应急救援、志愿服务等方面的配套制度，切实推进事业的发展。

二是必须充分发挥制度保驾发展的防护作用。“千里之堤，溃于蚁穴。”孔子曰：“君子以恐惧修省。”朱熹说：“君子之心，常存敬畏。”忽视或是漠视既有的制度，往往在工作中会导致致命的错误，从而引发灾难性的后果。从现实情况看，红十字会虽无审批权、执法权，也不从事生产经营活动，但具有募集款物的使用权、分配权、处理权。红十字会机关党委要未雨绸缪，防微杜渐，引导党员干部深刻认识反腐倡廉建设的重要意义，切实履行党风廉政建设责任制，在救灾救助、资金管理、捐赠款物处置、物资采购等工作中，加大对党员的教育、管理和监督力度，引导机关党员干部自觉把制度当成“紧箍咒”“预防针”“防火墙”，充分发挥制度的防护作用，做到警钟长鸣，防患未然，推进红十字事业健康发展。每一名机关党员干部都要对制度心存敬畏，把制度内化为信念，具体化为行为习惯，把制度当作开展日常工作的标尺，把按制度办事作为一种素养、一种理念。只有切实把制度牢记在心上，防微杜渐，才不至于在实践工作中失防线、踩红线、触底线。

三是必须充分发挥制度引领发展的导向作用。要着力打造制度引领优势，充分发挥制度引领作用，从制度保障、制度防范向制度引领转变。打造制度引领优势，就是要探索和遵循红十字工作的客观规律，通过不断完善政策法规、创新体制机制、优化制度设计来创新、带动、统筹和规范各项工作。要以制度为引领，打造和凸显红十字会人道主义救助团体的新优势，进而将其转化为强大的竞争优势。发挥制度引领作用，一是要使制度更加“敏感”。要着眼于形势任务的发展变化，主动做出适应性调整。要通过对制度体系的动态清理、修订和对体制机制的完善与创新等，使制度时时保持先进性。二是要使制度更加“开放”。要积极探索建立面向社会、开放运行的体制机制，不断拓宽多层次、全方位、宽领域的交流合作渠道，及时吸收引进国内外公益慈善团体的成功经验，使制度处处充满活力。三是要使制度更加“协调”。要善于规划、统筹各类制度，努力形成上下配套、结构合理、设计完善、便于操作的制度体系，更好地服务于红十字事业的创新和发展。

加强省红十字会机关党委制度建设，必须紧贴省情和会情，从而推进机关制度化和规范化建设，实现以制度凝聚共识、以制度规范行为、以制度促进工作的目标，以有力的组织保障和制度保障，努力开创红十字事业又好又快发展的新局面。

（此文系作者与湖北省红十字会张钦、邓红合作，荣获2011年湖北省机关党建优秀调研成果三等奖）

践行群众路线
为幸福文明湖北建设凝聚人道力量

红十字事业是一项造福人类的崇高事业，是社会文明程度的重要标志。作为从事人道主义工作的社会救助团体，湖北省红十字会秉承“着力改善最易受损害群体境况”的宗旨，始终坚持把广大民众的人道诉求作为努力方向，把困难群众的向往祈盼作为奋斗目标，高举人道旗帜，坚持民生为本，在保护人的生命和健康、维护人的尊严、促进社会公正和谐等方面发挥着独特作用，已成为省委、省政府在人道工作领域的得力助手，不断为建设幸福湖北、文明湖北凝聚人道力量。

一、红十字工作承载着凝聚幸福湖北、文明湖北建设人道力量的重任

红十字工作是搭建爱心组织、企业和公益达人奉献爱心的平台，是一项造福人类、提高生命质量和爱心接力的工程，在引领社会道德风尚、提升精神文明程度、助推幸福湖北建设中作用独特、影响积极。

（一）为引领社会道德风尚发挥导向引领作用

习近平总书记寄语全国志愿者和爱心人士时指出：积极向上向善，从“赠人玫瑰、手有余香”中感受善的力量，以实际行动书写新时代的雷锋故事，为实现中国梦有一分热发一分光。当前，人们的思想意识和价值取向日趋多元，思想文化和社会道德领域正经历着剧变，社会转型期的心灵迷惘、道德阵痛，社会伦理与利益的激烈碰撞，出现了道德失范、诚信缺失、精神贫血等现象，折射出今天的中国社会面临着复杂的道德课题。人道、博爱、奉献精神作为一种高尚的基本道德，深度融合

于社会公德、职业道德、家庭美德和个人品德中，贯穿于各种社会实践和平凡生活之中，渗透于人的品行、道德和操守中，具有人心向善的强大感染力。以荆楚儿女“大善、大爱、大勇”的精神品质为底蕴，大力推崇蕴含博爱、奉献精神的人道主义精神，可以唤起人们心灵中关爱生命、同情弱者、守望相助的善念火苗，发掘和强化“善良、善知、善行”等人性向善的光明面，培养高尚的公共道德意识，巩固和发展“慈爱、仁爱、博爱”等健康向上的思想道德主流，为改变道德领域格局和不良思潮发挥“催化剂”作用。

武汉市民带着孩子为地震灾区捐款

2016 年湖北遭遇特大洪涝灾害。在武汉市黄陂区受灾安置点，红十字会工作人员与志愿者为受灾群众发放救灾物资

（二）为提升精神文明程度发挥生力军作用

“文明湖北”建设必须为湖北科学发展凝聚起最广泛的人道力量，实现全省人民群众的文明素质和道德修养明显提高；必须用先进典型和道德模范的感召力引领社会风尚，使之成为人民群众普遍理解接受、自觉遵守奉行的价值理念，成为全省人民奋发向上的精神力量、团结和睦的精神纽带。红十字精神与天下为公、扶危济困等中华民族的传统美德是高度统一的，闪烁着爱国主义、集体主义、无私奉献等社会主义和共产主义道德的夺目光辉，彰显着人道为本、博爱为怀、奉献为荣等时代精神的丰富内涵。正因如此，红十字精神在时代进步中始终焕发着不朽的光彩和持久的魅力。近年来，省红十字会推出了一批知名度较高的先进典型：全国人体综合捐献第一人魏霞、“弃考捐髓大学生”田强、“异国捐髓”张宝、“断奶捐髓妈妈”黄丽丹、“捐髓男孩”张文驰、“最美押钞员”陈刚等。一位又一位红十字典型，从湖北走出，感动社会，有力地传播了人道公益理念，书写下荆楚儿女大爱与担当的壮丽诗篇，为建设精神区位、构筑精神高地、提升精神境界，促进社会主义精神文明建设发挥了生力军作用。

恩施州来凤县百福司镇高洞村冰凌覆盖，白雪皑皑。来凤县红十字志愿者不惧严寒，赶在春节前为贫困户送去装有生活必备物资的红十字家庭包

（三）为幸福湖北发挥助推器作用

“幸福湖北”既要经济发展，又要社会和谐。建设“幸福湖北”，是物质需要与精神追求、经济发展与社会建设的结合，不仅体现为物质富裕、人民殷实、社会昌盛，也体现为文化繁荣、民主法治、道德文明。这就必须切实解决好群众最关心最直接最现实的利益问题，使人民群众真正享受看得见、摸得着的幸福，让人民群众生活得更加幸福、更有尊严。红十字工作在解决困难群众和弱势群体的“衣食住行、医教保业”方面，做了大量顺民心、解民忧、惠民生的实事、好事、善事。特别是在党和政府的领导下，红十字工作广泛动员社会力量，汇聚国际国内资源，帮助改善困难群众的生存境况，化解社会矛盾，有力促进了社会和谐稳定；推动以“慈善”为原则的第三次分配，协调利益关系，有力促进了社会公平正义；引领和带动相关社会组织参与社会管理和社会建设，为创新社会管理发挥着助推器作用。

湖北省红十字会在武汉市武昌区阅马场举行军民医疗紧急救援演练，原广州军区武汉总医院被湖北省红十字会确认为紧急救援队和救援培训基地

二、深入实施人道救助，回应群众诉求

省红十字会按照省委的统一部署安排，围绕中心、服务大局，主动作为、奋力前行，高举人道旗帜，坚持民生为本，在行动上下功夫，在落实上见成效，以人道救助新成效助推幸福湖北、文明湖北建设。

（一）赈灾救灾成效明显

中国红十字（湖北）供水救援队赴四川芦山灾区抗震救灾，历时26天制水552吨，缓解了6000名灾区民众用水困难。救援队已成为省内灾害救援中一支不可或缺的独特力量和人道品牌。省红十字会还应对本省旱涝灾情筹集下拨333万元款物，应对巴东地震紧急调拨500箱物资，应对雅安地震募集1065万元款物。

2017年3月27日至28日，中国红十字会党组书记、常务副会长徐科（左二）到湖北英山县调研精准扶贫工作，听取了黄冈市和英山县精准扶贫情况汇报，察看了英山县新桥村博爱卫生站建设情况

（二）相关工作呈现品牌效应

省红十字会连续第15年开展“红十字博爱送万家”活动，筹措300

万元物资和500万元奶粉为城乡困难群体和贫困家庭儿童送去温暖和关爱；帮助19位困难母亲通过“魔豆”爱心工程，每人争取1万元启动金和1台电脑网上开店，自2010年以来已累计资助“魔豆妈妈”215人，在全国排名第2，多次在总会会议、活动中介绍经验；帮助114名白血病和先心病患儿依托“小天使基金”和“天使阳光基金”争取救助金349万元，比2012年翻一番；帮助104名贫困大学生，依托省广电红十字爱心基金获得52万元助学款；争取财政资金50万元，在武汉市（区）开展困难失智老人救助项目试点；投入40万元，分别在宜昌、孝感、荆州、鄂州建立4家红十字博爱卫生院（站），有效解决了部分贫困边远地区群众的看病难题。

2016年5月8日是第69个世界红十字日，湖北省咸宁赤壁市红十字会在黄盖湖中心学校举行“处处为人、关爱学生、关注健康、传递爱心”爱心捐赠仪式，市红十字会和卫计系统干部职工向该校贫困学生捐赠了100个爱心书包和500余件衣服

（三）“三救、三献”等红十字核心业务有效拓展

省红十字会推广应用“红十字急救掌上学堂”，继续开展“救在身边”公益培训“五进”活动，全年培训师资183人、初级救护员2.5万人，普及应急救护知识20万人次；争取中国红十字基金会“奉献天使——美丽中国行”项目资金160万，援建武当山等6家景区红十字救

护站；造血干细胞捐献者资料库入库资料累计 6.1 万人份，累计实现捐献案例 169 例，新增 48 例，居全国第 4 位；中华骨髓库首批向世界骨髓库上传代表最佳库容的数据 5 万人份，湖北贡献 1 万人份；全省志愿登记捐献遗体和器官累计 7104 人，累计完成器官捐献案例 133 例，新增捐献器官 97 例，居全国第 3 位；《湖北省遗体捐献条例》被列入省人大常委会 2014 年立法计划项目；为全省 128.6 万人（次）普及无偿献血知识，会同省人社厅、省卫计委表彰了 2011—2012 年全省无偿献血先进单位、先进个人和优秀献血者。

2016 年 1 月 22 日至 24 日，时任中国红十字会副会长兼秘书长王汝鹏（右二）率总会工作组到黄冈市调研红十字会定点扶贫和理顺管理体制工作，并在黄州区和英山县开展“红十字博爱送万家”活动，进村入户走访慰问贫困家庭，为他们送去棉衣棉被、大米食用油等生活用品。每到一户，受助群众都是异口同声地说：“感谢党和政府！感谢红十字会！”

（四）人道救助工作向纵深发展

全省红十字会系统紧急救助、临时救助、专项救助、专题救助的人道救助体系更趋完善，救助实力进一步提升，全年接待来信来访困难群众 318 人次，救助 62 人，发放 17.6 万元；出资 10 万元帮助“三万”驻点村修建“当家塘”“当家渠”；争取400万元资金实施11个“博爱家园”项目。全省红十字会系统募集人道救助款物6344.84万元，引进项目37个，价值1861.92万元。

自救互救技能演示活动在十堰市六堰文化广场举行，这是“5·8世界红十字日”纪念活动的一部分。现场还开展了红十字志愿者招募、造血干细胞和人体器官捐献咨询、无偿献血咨询登记等活动

三、务实创新，推动红十字事业持续健康发展

（一）反对“四风”，作风建设扎实转变

一是力戒形式主义。今年以来，红十字会理事会、半年工作座谈会等会议的会期均未超过半天；红十字志愿者和遗体器官捐献工作和培训会议合二为一；全年发文数量同比减少19.3%；每月一期简报，每期不超过1000字；领导讲话开门见山，讲有针对性和指导性的话。二是力戒官僚主义。班子成员每人领办一项重点工作，着力解决“重部署轻落实”的问题。强化红十字事业资金绩效，优化红十字事业资金分配，督

促机关各部室和项目所在地落实主体责任，着力解决“重争取轻执行”的问题。三是力戒享乐主义。结合学习贯彻十八届三中全会精神，强化机关党员干部创先争优意识，消除精神懈怠，克服安于现状、工作热情减弱的现象。四是力戒奢靡之风。规范公务用车、公务接待，因公出国出境经费同比下降9.3%。

湖北省十堰市房县化口博爱学校校貌

（二）创新求效，着眼基层开展工作

一是创新工作模式。优化“红十字博爱送万家”活动方式，深入基层、慰问群众，直接把党和国家的关爱传递给最需要的人群。应急救护培训纳入武汉、十堰、鄂州等市的文明城市创建指标考核体系，“救在身边”公益培训品牌已在国家工商总局成功登记注册。争取总会、香港红十字会和财政资金，通过有效撬动和整合资源，合力打造“博爱家园”核心项目，在防灾减灾、红十字组织阵地建设、民众自救互救知识与技能培训等惠及民生方面探索创新，初步形成了总会、境外、社会和省会“四位一体”的项目工作格局。发挥非政府组织在应对人口老龄化趋势中的作用，提高老年人最后的生命尊严和生活质量，针对部分重度失智老人的陪护出现“服务真空”的现状，在充分调研、论证的基础上，启动重度失智老人救助项目试点。

急救培训走进高校，中南财经政法大学300名新生参加培训

二是理顺管理体制。着力推进市级红十字会管理体制理顺工作，14个市级红十字会管理体制完全理顺，实现了由当地编委发文，明确红十字会机构单独设置，列入群团序列管理，工作由政府领导联系，会长由政府分管领导兼任，核定常务副会长1人（正处级）；有的地方还配备了副处级专职副会长，为落实上级要求，以及依法履职、整体推进我省红十字事业的新发展提供了组织保障。

2011年6月20日，湖北省通城县遭遇水灾，中国红十字（湖北）供水救援队紧急驰援，有效解决了当地群众紧急阶段的生活用水困难。救援队离开时，当地群众自发打出“红十字会人民感谢你”的横幅

三是服务指导基层。分组分片开展“1+2”（市+2个县）基层工作调研，强化“服务”理念，听取意见、摸准实情、研究问题，深度关注困难群众的人道诉求，组织基层干部座谈，实地察看红十字项目，考察会员单位和社区红十字工作，指导基层因地制宜开展特色工作，并形成有指导性的调研报告。

（三）立足长远，长效机制不断健全

一是注重机关自身建设。加强党组班子建设，充分发挥好“表率、示范、引领”作用；严格落实“两公开两透明”和“面向社会九条承诺”，修订了会长办公会、领导碰头会的议事规则、决策程序；加强党风廉政建设，坚持“一岗双责”，出台了贯彻落实中央八项规定《实施细则》的19项规定。二是注重干部队伍建设。强化管理、教育、引导，高举红十字旗帜，落实“忠诚、勤勉、正派、务实、清廉、宽容、律己”7项要求，制定了干部档案信息、聘用人员、考勤休假等管理制度。三是注重联系群众。坚持面向群众、联系实际、搞好服务，出台了应急值守、救护培训物资使用，以及项目、会费、资金绩效等管理制度，精心谋划红十字人道救助、急救培训、募捐筹资、志愿服务“四项行动”，拓展红十字核心业务，实现人道服务能力的新提升。

（本文荣获2013年湖北省党的群众路线理论文章三等奖）

红十字文化传播的八个关键词

华建敏会长强调：要认真研究红十字理念与中国传统文化的关系，研究红十字理念与社会主义核心价值观的关系，把人道精神与传统文化结合起来，用通俗易懂的语言传播人道精神。

文化来源于历史深处。湖北是中华民族始祖炎帝故里、楚文化发祥地，人道精神和红十字文化也源远流长。北宋时期，苏东坡被贬湖北黄州时，了解到黄州因偏远荒芜有溺婴的恶习后，迅速向上级官员报告此情况，同时自己也积极想方设法，每年带头捐款 10 千贯（约合60 万~100 万元人民币），并通过民间组织筹款集资，扶贫济困，力图改变这一恶习。据苏轼作《黄鄂之风》一文所载，每年大约救助了百余婴儿。这是古人在荆楚大地上对人道慈善的生动实践。

1918 年，中国红十字会汉口分会在救护伤兵

湖北省会武汉是一座红十字文化积淀丰厚的城市。1916 年 6 月 27 日，中国红十字会汉口分会在现硚口区帮药一巷 8 号创建，同时开办医

院，设立战时妇孺救济所。1927年，开办高级助产学校，举办8届高级助产班，毕业生共计347人。新古典建筑风格的汉口分会旧址，虽承载着百年岁月痕迹，但建筑顶部圆弧形牌面“十”字形标志与精美浮雕依稀可见，目前正申报武汉市优秀历史建筑。

回眸历史，荆楚儿女“大善、大爱、大勇”的精神品质，始终与红十字文化深度契合，红十字事业发展轨迹始终与湖北经济社会发展路径高度重合。研究红十字理念，播扬红十字文化，要以八个关键词来统领。

20世纪20年代，在现武汉市硚口区帮药一巷8号的中国红十字会汉口分会

2001年7月11日，在中国红十字会副秘书长汤声闻带领下，在台湾红十字组织的协助下，湖北省红十字会工作人员陪同“6·23”广源轮罹难船员家属赴台处理善后工作。图为罹难船员家属手捧亲人照片在台南市郊安平镇西南隅码头举行祭奠活动

第一个：展示。加快建设应急救援体系，增强红十字会应对突发事件和灾害救援能力；提高人道救助水平，不断满足困难群众人道救助需求；建立救护培训长效机制，提升群众应急避险、自救互救能力；加强无偿献血、捐献造血干细胞和遗体器官捐献工作，致力关爱生命健康。做大做强红十字核心业务，以红十字事业发展成果展示红十字精神，助推软环境建设，为确保湖北形成全国最优软环境的行政体制贡献力量。湖北省红十字会联合湖北省电视台录制的造血干细胞专题短片《生命相髓》，多次在重要交流、重大调研活动中展播，唱响了湖北红十字“好声音”。

耸立于湖北省委洪山礼堂门口的广告牌滚动播出红十字公益广告

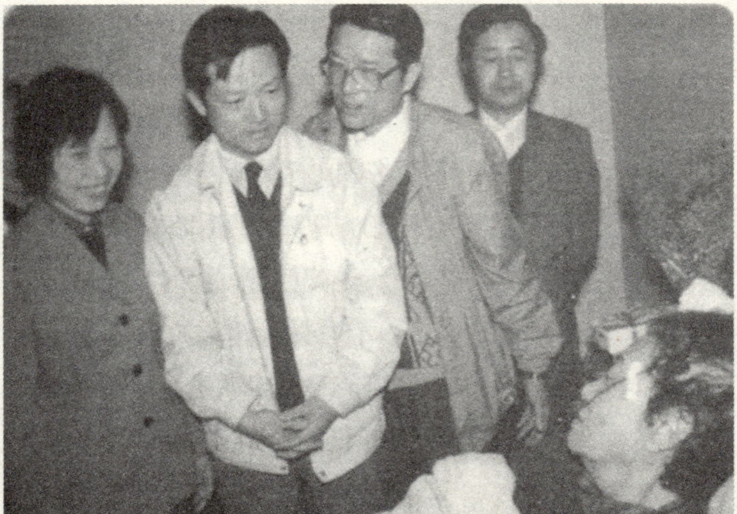

1990 年 4 月，中国红十字会、湖北省红十字会代表在宜昌探望因肠梗阻紧急入院治疗的刘凤子（时任台湾红十字组织副秘书长常松茂的夫人）。左二为张希林（中国红十字会总会台湾事务部副部长），左一为叶丽珠（湖北省红十字会秘书长），右二为陈保有（宜昌人民医院院长）

第二个：传递。志愿服务在社会舆论氛围中，有道义的高度；在市场经济条件下，对过度功利也是伦理的对冲。在巩固传统领域的同时，选择凸显红十字会宗旨、弱势群体迫切需要、政府一时顾及不到或不便出面、其他社团或组织尚未覆盖的领域，瞄准“服务真空”，拓展具有红十字优势的志愿服务品牌和队伍，提升并形成红十字志愿服务特色性的社会效应。在应急救援、应急救护、健康关怀、人道救助、造血干细胞捐献、人体器官捐献、无偿献血宣传、艾滋病预防、红十字精神传播等公益活动中，将红十字知识、急救知识与技能打包融入各类志愿服务活动中，传递红十字精神。近两年，湖北省红十字会“供水救援”“救在身边”“心理救援”“造血干细胞捐献”“人体器官捐献”“魔豆妈妈”等志愿服务队在创建服务品牌中始终传播红十字文化。

2013 年 7 月 27 日，“2013 海峡两岸红十字青少年夏令营”在武汉启动

第三个：示范。红十字典型人物体现了“利他主义”的幸福观。及时宣扬红十字工作中的感人场面、感动事迹、感恩故事，发挥“热点报道”的引导作用，“典型报道”的激励作用，使人们心灵受到震撼和感染，感悟人间大爱，从而见贤思齐，学习先进，更加有效地促进人道理念在全社会的播扬。广播、电视、报刊、网络等媒体开展红十字公益性的宣传、引导、示范、引领，通过媒体打通红十字文化通向社会传播的主渠道。近年来，省红十字会推出了一批知名度较高的典型人物：“弃考捐髓”田强、“异国捐髓”张宝、“爱心妈妈”黄丽丹、“捐髓男孩”

张文驰、“最美新娘”向雪敏、“最美押钞员”陈刚等。一位又一位红十字典型，从湖北走出，感动社会，书写下荆楚儿女大爱与担当的壮丽诗篇，传颂以人道的力量守卫生命、伦理、道德底线的动人旋律，有力地播扬了人道公益理念。

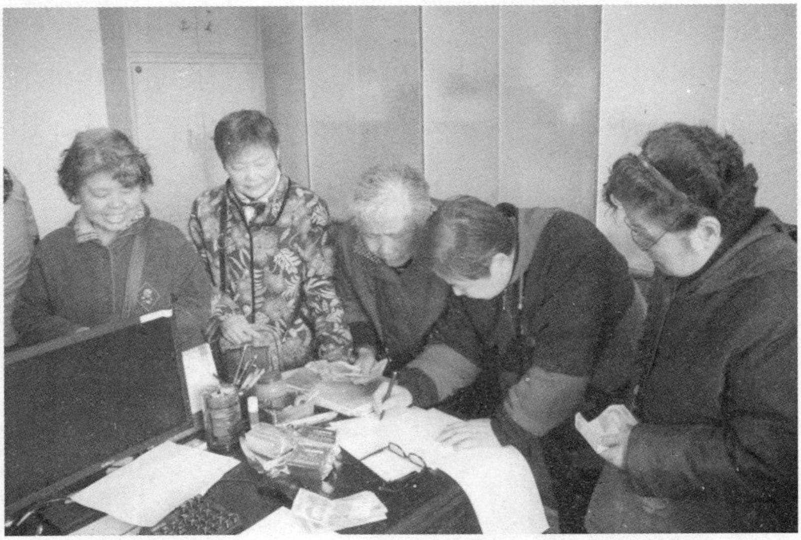

2013 年 4 月 21 日上午，四川雅安地震第二天，5 位武汉市爱心婆婆相约来到湖北省红十字会，现场向四川雅安地震灾区捐款 7235 元，并用拉杆箱带来了 4 箱压缩饼干，登记时坚持不愿意留下姓名

第四个：传承。青少年始终是红十字文化天然的传播者，往往能起到“1+1>2”的效应。在学校中广泛开展各类红十字公益活动，把红十字知识、人道理念与学校素质教育、健康教育有机结合，在青少年心中播下关心他人、互助互爱、乐于奉献的种子，尊重人的生命与尊严的现代文明素养，让人道主义成为学校的文化基石，博爱善举成为学校师生的道德情怀，奉献精神成为校园的道德追求，红十字文化成为校园的道德旗帜、德育的重要内容。2013 年，湖北省红十字会承办“海峡两岸红十字青少年夏令营”活动，在增强台湾青少年对祖国的认同感和向心力的同时，向两岸青少年普及了红十字知识。

第五个：升华。探索红十字文化与楚文化有机融合，以红十字人物和事迹为原型，借助广大民众喜闻乐见的文艺形式，创作文艺精品，唱响红十字文化品牌。借助电视网络、大众文艺形式等多种途径，打造红十字公益文化产业，让文化接近大众，变精神为物质，发挥红十字文化

2015年10月23日，由中国红十字基金会携手爱心企业设立的“六个核桃·读书慧”公益项目在恩施土家族苗族自治州板桥镇大木村小学正式启动。知名作家、“童话大王”郑渊洁担任项目爱心大使，为大木村小学的孩子们上了一堂生动的写作课

独特功能。借助志愿者和农民队将红十字知识和急救知识编排成歌曲、小品与相声，免费在社区和农村演出，让人道的力量真正融入百姓生活，深入群众心头。神农架林区创作的歌曲《让爱牵手》、“火炮”（当地传统表演方式）《人道光芒普四方》唱响全区；中国红十字（湖北）供水救援队撤离芦山时，当时村民黄文魁写在废纸上的一首“打油诗”让现场所有人泪流满面；今年3月，武汉百步亭社区红十字志愿者送文化下乡，一个集歌曲、京剧、豫剧、诗歌于一体的“文艺大餐”广受老百姓“点赞”。

第六个：牵引。推进“红十字书屋”等项目融入新型城镇化建设，通过向农村中小学捐建红十字书库、电子阅览室等，帮助农村贫困地区学校改变单调的文化娱乐方式，让农村孩子跟上信息化社会发展的节奏，让他们有书读、读好书，在不断丰富科学文化知识的同时传播红十字知识与精神，依靠红十字文化项目播撒红十字文化的种子。近年来，在推进中国红十字基金会援建的“红十字书屋”项目中，湖北顺利开启了红十字文化“从娃娃抓起”的工作。

第七个：凝练。从文化的价值功能出发，设计、丰富红十字文化的载体，深入挖掘和研究红十字会历史资源，捕捉现实素材，把湖北独特的红十字文化底蕴融入宣传教育之中，进一步激发社会认识、关心、支持红十字事业的强大热情，以多种形式参与、共建红十字事业，使红十字元素深度融入湖北经济社会发展肌体，形成具有荆楚特色的红十字运动理论、文化体系。2012 年，湖北省红十字会成立了专家咨询委员会，在发挥其咨询研究功能方面进行了积极探索。

第八个：固化。扎实推进人道救助活动，在完善专题、专项、紧急、临时四位一体的人道救助模式中，打造具有地域特色的人道救助品牌，让人道救助品牌烙印上鲜明的红十字符号，使红十字会真正成为党和政府靠得住、困难群众信得过、社会各界齐参与的枢纽型社会公益组织。在湖北，已初步建立红十字“博爱”“天使”“魔豆”等品牌，服务“一老一少”两个最需要关爱的群体，在为失能老人、先心病儿童、白血病儿童等提供人道救助服务中，擦亮了人道救助品牌，也在群众口碑中固化、放大了红十字文化。

（本文刊于 2014 年 7 月 25 日《中国红十字报》）

让器官捐献在“二次生命”中延续

2014年9月25日，湖北省第十二届人民代表大会常务委员会第十一次会议通过了《湖北省人体器官捐献条例》（简称《条例》），2014年12月1日施行。这标志着湖北省人体器官捐献工作步入法制化轨道，对促进全省人体器官捐献事业发展具有里程碑意义。

一、深刻领会《条例》颁布实施的重大意义，全面把握其主要特点和基本原则

《条例》的形成过程。历经5年实践探索，经过广泛的调查研究，借鉴兄弟省市的立法经验，《条例》的形成主要包括三个层面的工作：一是省红十字会初期酝酿，省卫生计生行政部门积极参与支持，共同调研、起草、论证，向省政府提交“立法建议书”，报请省政府法制办开展立法工作，申请纳入立法计划；二是省政府法制办对《条例》展开调研和论证，提出具体的修改意见和建议，统筹考虑并安排立法工作，同时进行督促指导；三是省人大科教文卫委员会、省人大法规工作室和省人大法制委员会统筹协调、深入调研、反复听取各方面意见，进行严肃、严格、严谨的审修。三个层面分别进行省内外立法专项调研，多次听取有关政府部门、医疗机构、红十字组织、社会有关人士以及志愿者代表等方面的意见，组织召开座谈会和协调会，研讨、论证了《条例》的科学性、合理性和必要性。

《条例》于2010年酝酿启动、调研立项，2011年被省人大常委会确定为预备项目，2012年为预备计划项目，2013年为计划争取项目，2014年为正式计划项目，直至省人大常委会审议表决通过。《条例》具有广泛的民意基础、社会基础和实践基础，顺应了时代的呼唤、社会的诉求和民众的期盼。

2017 年 3 月 31 日，湖北省红十字会在武汉九峰花园举行全省人体器官捐献纪念缅怀活动。省人大、省政协领导及省发改委、民政厅、卫计委、红十字会等部门负责人，人体器官捐献志愿者和受捐者家属、器官移植医护人员等 300 余人手捧鲜花，缅怀器官捐献者

《条例》颁布实施的重大意义。人体器官捐献工作是挽救生命、造福社会、功在当代、利在千秋的民生工程。《条例》的颁布实施，有利于推进人体器官捐献事业的发展进程，有利于推进器官移植医疗技术的发展提高，有利于推进社会文明进步，有利于保障人民群众生命健康，有利于提升人民群众生活质量和幸福指数。

《条例》立法以其权威性和公信力，对于动员和激励广大民众参与到人体器官捐献的行列中来，倡导社会文明新风，树立和谐的社会风尚，提高法治、文明、进步的社会形象，充分体现社会主义精神文明建设和社会主义核心价值观，践行党和政府“以人为本、执政为民”的服务宗旨，崇尚“关爱生命、注重健康”的幸福理念，弘扬“人道、博爱、奉献”的红十字精神等都具有重大而深远的意义。

《条例》的主要特点及原则。主要特点体现在六个方面：一是凸显了社会性、公益性；二是明晰了权益保障；三是体现了人文关怀；四是体现了政府的担当；五是界定了执法监管主体、工作主体和有关职能部门的职责；六是明确了人道救助。《条例》彰显了时代特征、中国特色、湖北特点。

湖北省人体器官捐献志愿服务队走进社区，向群众宣传“器官捐献　生命永续”的幸福理念

《条例》还确定了自愿无偿、权益保障、公平人道、监督管控、阳光透明等原则，展示了法律的共性特征。

二、正视人体器官捐献的工作现状及存在的突出问题

一方面，人体器官捐献工作取得显著成效。自 2009 年起步至今，湖北省人体器官累计捐献 304 例，2014 年实现捐献 171 例，进入全国第一方阵。省卫生计生行政部门、医疗机构、器官移植单位、协调员队伍、红十字会工作者相互配合、协同努力、艰辛付出、克难奋进，取得了显著的成效，已经初步形成了工作体系和工作机制，积累了宝贵的经验，开拓了前进的方向，为《条例》出台及实施奠定了重要的基础。

另一方面，人体器官捐献工作面临的形势不容乐观。主要表现在顶层设计不规范，国家层面法律支撑暂缺，政策导向不明确不具体，宏观层面界线划分不明，行业、技术、行为规范严重滞后，由此形成的障碍十分明显，面临的挑战不容忽视，潜在的风险不容回避。目前存在的问

题和出现的新情况，需要引起足够的重视，如供求矛盾突出、供求关系复杂、供求利益驱动等。这亦是长期以来存在的老问题。

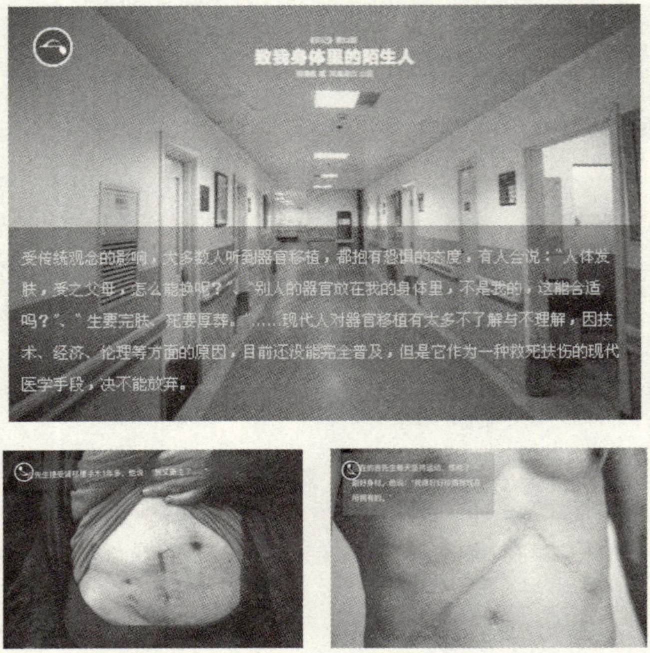

凤凰网湖北频道精心制作的印记专题“致我身体里的陌生人”，以半裸图片和故事性文字呈现了人体器官受捐者移植后的生存境况

2013 年 7 月 26 日，荆州市杨春丰、李军波夫妇刚出生 4 个多月的儿子不幸夭折，他们毅然决定捐出儿子遗体器官

随着人体器官捐献工作向前推进，各种新情况也不断出现，各种潜在风险伴随而来。当前需要注重的是：中国人体器官获取组织联盟的成立势必助推人体器官移植事业，对此，捐献工作应如何面对和适应？业已形成的工作体系与《条例》如何适应和调整，以及如何应对媒体的广泛关注和社会公众的聚焦，等等。同时，还存在死亡判定、人道救助执行和信息传递等潜在风险。因此我们必须正视现状及存在的问题，清醒、冷静、理性地分析和研究，以法治思维和法治手段来规范和解决。

每年清明前夕，荆州市都会举行遗体器官捐献者祭奠仪式，捐献者亲属和社会各界群众参加仪式并向逝者敬献鲜花

三、不辱使命、依法履职，推进人体器官捐献工作向前发展

（一）厘清职责，把握人体器官捐献工作的前进方向

从人体器官捐献工作起步试点、全面推进的工作实践来看，从中央全面深化改革、政府职能转换来看，从地方立法的具体内容来看，红十字会承接人体器官捐献工作，是政府职能转移的时代要求，是中

国人体器官捐献移植事业的创新之举，是新时期赋予红十字会的历史使命。

《条例》规定：“县级以上人民政府、卫生计生行政部门负责本行政区域内人体器官捐献的管理和监督工作。”这就明确了行政执法和监管的主体是政府的卫生计生行政部门。

湖北省人体器官捐献者纪念园内耸立着庄严的纪念碑，两侧的大理石纪念墙上镌刻着2010年以来全省器官捐献者的名字，供家属及民众悼念

《条例》规定：“省红十字会应当建立和完善人体器官捐献工作体系，对人体器官捐献工作进行指导、协调。”“红十字会负责人体器官捐献的知识宣传、捐献登记、信息接收、捐献见证、缅怀纪念、人道救助等工作。”“红十字会统一管理潜在捐献人的信息，红十字会负责人体器官捐献协调员队伍的建设。”这就从法律上明确了红十字会是人体器官捐献的工作主体。

人体器官捐献牵涉传统文化、社会习俗、道德伦理、法学、医学等学科，是一项复杂的、社会性的系统工程，社会关注度高、敏感性强，既体现了现代医学领域技术发展的飞跃，又涉及挑战落后传统文化和世俗观念的思想革命。捐献人体器官是人类生存、文明进步和经济社会发展的需求，这是不可阻挡、不可逆转、不可违背的前进方向和必然趋势。

（二）突出重点，引领人体器官捐献向前推进

一是社会动员。以《条例》立法的权威性和公信力，倡导、动员、激励广大民众广泛参与到器官捐献行列中来，不断壮大自愿捐献者队伍，既彰显利他主义的主流价值观，又营造拯救生命、捐献光荣的良好社会舆论氛围。

二是信息管理。切实加强对潜在捐献人信息的依法统一管理，用信息化手段管理捐献过程中的相关信息，用科学的方法规范相关信息的利用，通过全流程信息化管理，打造"公开、公正、公平"的捐献体系。

三是人道救助。这种救助不是一般的社会救助，而是对人体器官捐献人道主义精神的崇尚和弘扬，是对无私奉献精神的激励和褒奖，具有现实性、客观性和针对性。做好人道救助，是推进人体器官捐献不可或缺的重要举措，必须着力从法律层面构建人道救助机制，规范救助程序，公开透明，务实有效，规避潜在的风险，展示人道的力量，显示对人体器官捐献的人文关怀。

四是协调员队伍建设。协调员负责人体器官捐献中的关键环节，在人体器官捐献中担负重要职责。必须严格协调员申请程序，规范资格认

据数据显示，自 2010 年 3 月湖北省被列入国家人体器官捐献首批试点以来，特别是 2014 年 9 月 25 日湖北省第十二届人民代表大会常务委员会第十一次会议通过《湖北省人体器官捐献条例》以来，全省人体器官捐献数量逐年递增。截至 2017 年 5 月底，全省累计捐献人体器官 1287 例，至少挽救了 3566 人的生命

定，加强对他们的管理、教育、监督、培训，激发他们的敬业、奉献、忘我精神，增强他们的政治、社会、民生、人道责任，协调做好各环节相关工作。

（三）坚持原则，保障人体器官捐献规范有序

首先，循序渐进。人体器官捐献是一项复杂的民生工程、人道工程，既要主动担当、大胆探索，又要正视现实、实事求是，不能急于求成、盲目冒进，应结合我省现状坚持“扎实稳妥、规范有序”的原则，开创人体器官捐献工作既“稳妥”又“有序”的良好局面。

其次，强化意识。一是法律意识。遵法崇法，维护法律尊严，遵守法律权威，把握好人体器官捐献的法律关系，运用法治思维和法治手段破解难题，化解可能出现的风险和矛盾，将人道理念与法治思维融为一体，依法推进人体器官捐献工作。二是捐献意识。捐献是崇高善举、大义之举，必须遵循《条例》的约束规定，维护“自愿、无偿”，杜绝出现违背《条例》主旨、触犯《条例》规定、玷污捐献圣洁之举的行为，坚持把人道救助放在捐献之后。三是红会意识。法律赋予了红十字会工作主体的职能，因此必须强化人道角色，在履行职责中全力维护红十字会声誉，播扬红十字精神，提升红十字知名度、美誉度，唱响红十字“好声音”，传播正能量。

哀乐低回，松柏含悲，一支黄菊，一个鞠躬，寄托着人们对器官捐献者的敬意与哀思

最后，守住底线。人体器官捐献事业的公益性、复杂性、技术性和专业性，要求红十字工作者必须具有高尚的道德品质、良好的文化素养、丰富的人文和专业技术知识。必须坚守责任底线，牢记使命责任，增强责任能力，规范责任行为，落实责任制度，巩固责任成果；必须坚守道德底线，恪守职业道德，坚守伦理准则，“一心挂两头”，为捐受双方提供专业规范、文明友善的服务，将动员宣传、信息报送、沟通交流、人道救助、参与见证等环节工作做到位；必须坚守品格底线，修炼人格品德，将公益心与事业心融为一体，公义、慈爱、怜悯、圣洁、无私、良善、一视同仁，确保公开、公平、公正、透明。

人体器官捐献者纪念碑上镌刻的每一个名字，背后都深藏着一个大爱的故事

四、深入学习贯彻《条例》，着重做好几项具体工作

法律的生命和权威在于实施。作为人体器官捐献工作主体，全省各级红十字会应当提高思想认识，在学习贯彻《条例》中发挥表率、示范、引领作用。

（一）深入开展学习宣传活动

一是组织主题培训。在卫生计生系统、红十字会系统开展《条例》

主题培训，准确把握其主要内容和精神实质，深刻理解其内涵和重大意义，通过培训提升依法履职能力。二是组织社会层面的研讨。从医学、法学、伦理学和社会学等不同视角深入解读《条例》的精神实质和现实意义。三是依靠社会媒体宣传。组织全方位、多层次、高强度的宣传报道，普及捐献知识，引导社会舆论，及时解答和回应社会关切的热点问题，营造全社会关心、支持和参与人体器官捐献事业的法治环境。

清明时节，人们来到人体器官捐献纪念碑前，手捧鲜花缅怀逝去的亲人

（二）完善配套管理制度

《条例》构建了人体器官捐献管理的总体框架，但具体内容有待细化。省红十字会将会同有关部门，制定与《条例》配套的人体器官捐献相关的管理制度，如《人体器官捐献协调员管理办法》《救助基金的使用和监督管理办法》《潜在人体器官捐献信息报送制度》等，使人体器官捐献管理的各项规定整合度更高、权威性更强、执行效果更佳。

（三）建立人体器官捐献救助基金

只有建立人道救助机制，才能推动人体器官捐献工作的可持续发展。按照《条例》规定，通过政府财政拨款、彩票公益金投入和社会募捐等多种渠道和方式，建立人体器官捐献救助基金，为生活困难的捐受双方家庭提供必要的人道救助。政府有责任、企业事业单位义不容辞、社会团体和个人也有义务奉献爱心，集大众之力量为人体器官捐献的大爱、大善、大义之举提供人道救助保障。

人体器官捐献彰显博爱、奉献情怀。只有始终高扬红十字人道旗帜，解放思想、开拓前行，依法推进人体器官捐献工作在法治轨道上前行，在人道旗帜下进步，在科学文明、规范有序的进程中发展，才能奋力开创人体器官捐献工作新局面。

弘扬人道主义精神
依法保障人体器官捐献事业发展

人体器官捐献事业是一项挽救生命、造福社会的公益性事业。2014年9月25日，省第十二届人民代表大会常务委员会第十一次会议通过了《湖北省人体器官捐献条例》（以下简称《条例》），并将于2014年12月1日起施行。这是我省人体器官捐献事业发展中具有里程碑意义的一件大事，对于规范人体器官捐献行为，保障人体器官捐献人合法权益，倡导捐献人体器官挽救生命的人道主义精神具有重要意义。

群山环抱之中的湖北省人体器官捐献纪念园占地4000平方米，由纪念广场、展览厅和人文景观纪念雕塑等组成

《条例》对人体器官捐献的组织职责、登记和捐献、权益保障、监督管理、法律责任等做出了明确规定，切合我省人体器官捐献事业发展的需要，符合我省实际。这是用法治思维和法治手段推进我省人体器官

捐献工作、赋予社会公益事业法律地位和法律保障的务实创新举措。

贯彻实施《条例》，首要的是提高认识。各地、各有关部门要充分认识人体器官捐献立法的重要性，切实增强责任感和使命感，围绕《条例》立法背景、主要内容、重要意义，加强宣传教育，普及捐献知识，积极引导舆论，努力在全社会倡导并形成公民身故后捐献人体器官挽救生命的新风尚。

湖北省红十字会人体器官捐献纪念园坐落于武汉九峰纪念花园，2016年底，由湖北省红十字会和武汉九峰纪念花园管理有限公司合作建设并对公众开放，为全省人体器官捐献者的家属和移植医疗机构等相关单位提供了一个缅怀、祭奠逝者的场所，成为弘扬“人道、博爱、奉献”精神的又一所精神家园。纪念墙上，镌刻着自2010年以来全省捐献者的英名。在这些捐献者中，有荆楚首位捐献者魏霞，有“宜昌好人”周凌萱，有大爱医生靳军华……

贯彻实施《条例》，必须健全相关机制。各地要按照《条例》要求，形成政府统一领导、红十字会组织实施、卫生计生行政部门执法监督、其他部门协作配合的工作格局。要构建常态化工作体系，建立潜在捐献人信息报送制度，健全完善协调员队伍，科学制定有关管理制度，推动人体器官捐献事业健康、有序、科学发展。

贯彻实施《条例》，必须合力规范推进。人体器官捐献工作是一项系统工程，具有鲜明的开拓性和创新性特点。各级政府要加强领导，各有关部门要积极配合，规范捐献行为、及时解释协调，社会各界应当关心与参与，确保《条例》的每项工作内容、每项具体要求得到贯彻落实。

人体器官捐献彰显博爱、奉献情怀，功在当代、利在千秋。让我们高扬红十字人道旗帜，解放思想、开拓前行，推动人体器官捐献事业科学、健康向前发展，为促进社会和谐文明进步做出积极贡献。

（本文系作者署名“楚红”刊于2014年10月13日《湖北日报》）

结合实际　积极“行动”

2013年以来，华建敏会长在不同的工作场合多次强调，红会一定要抓好“两论一动”，即“抓舆论、抓理论、抓行动”。对于红会来说，抓行动就是“实实在在做好老百姓最期盼我们做的事儿”。没有行动，空谈人道！弘扬“人道、博爱、奉献”的红十字精神，必须见之于切实有效的行动。

坚定三个“自信”，紧贴省情“谋”思路

党的十八大和十八届三中全会对社会组织建设提出了新要求，为人道事业参与社会治理创新提供了重要战略机遇。

丹江口市红十字志愿者服务第六届中国摩托艇联赛

国家主席习近平在会见红十字国际委员会主席彼得·毛雷尔先生时指出，“红十字是一种精神，更是一面旗帜”。这是对红十字工作者的巨大精神鼓舞和信心提振。

政法机关对网络谣言的坚决打击，使红十字会得以逐步洗刷自“网络事件”以来所蒙受的不白之冤。历经风雨，全体红十字人要更加坚定对红十字事业的理念自信、精神自信、价值自信。

从湖北的具体情况看，当前红十字事业既面临着经济社会发展带来的“三个艰巨繁重”，也具备三大有利条件。而经济社会跨越式发展任务艰巨繁重，老少边穷地区脱贫解困任务艰巨繁重，自然灾害频发使防灾、减灾、备灾、救灾任务艰巨繁重等“三个艰巨繁重”，客观上对红十字工作提出了更高要求，使红十字行动与湖北“建成支点、走在前列”的总目标高度切合、深度融合、精确契合。

2014 年 5 月 8 日上午，湖北省“5·8 世界红十字日”纪念大会在荆门市城区天鹅广场隆重举行，来自荆门格林美、岚光燃气、星球集团等 11 家爱心企业现场向市红十字会捐款累计 125 万元

三大有利条件则为事业进一步发展奠定了体系支撑、经验借鉴和组织保障：一是红十字会职能职责不断强化，财政投入逐年递增，舆论宣传强力支持，社会各界高度关注和支持，人道救助实力有效增长，政策平台的构建不断完善，事业发展的环境不断优化，形成了人道救助体系的强大支撑；二是业已形成的工作成效、经验、特色，为下一步工作的开展起到了较好的指导和借鉴作用；三是不等不靠，主动出击，多管齐下，以《中华人民共和国红十字会法》以及国务院、省委省政府及省编

办相关文件为依据，强力推进市级红十字会管理体制理顺工作，告别了“文件理顺时代”，实现了真正意义上的管理体制理顺，为红十字事业稳步发展和整体推进奠定了组织基础。

面对时代的呼唤、民众的诉求，以及地方经济社会建设总目标的指引，“喊破嗓子不如干出样子”，红十字会必须切实行动起来。

高校大学生积极参加造血干细胞捐献登记

湖北省红十字会围绕“转变方式、改进作风、解放思想、开拓前行”的工作思路，着眼核心业务，经过充分论证，确定了集中行动、重点行动、突出行动的领域，在人道救助、应急救护、募捐筹资、志愿服务上下功夫，为湖北实现“建成支点、走在前列”的总目标发挥了独特作用。

构建三大体系，积极行动“促”执行

执行是践行红十字精神的关键所在，是呼应人道诉求的迫切需要，是推进行动、服务群众的根本要求，是锻造红十字队伍的突破口。行动不是个响亮的口号，而是推动红十字工作大步向前的扎实实践。红十字的生命力只有在富有成效的行动中才能充分展现。就具体措施而言，必须构建组织、责任、管理三位一体的落实体系，确保启动、组织、推进、管理、绩效评估各环节落到实处，取得实效。

建立组织体系，是落实行动的政治保证。要成立跨部门的行动领导小组，统筹、领导、推进各项行动，建立有效的工作机制，及时研究解

2015 年 10 月 23 日，湖北省红十字会党组书记、常务副会长宋悦明（左一）看望慰问黄冈市黄州区困难重度失智老人家庭

决行动中遇到的重大问题。

建立责任体系，是落实行动的坚实基础。按照明晰职能、权责一致、强化服务的要求，各负其责，密切配合，不断强化责任意识，形成积极行动、主动行动、全员行动的生动局面。

2015 年 12 月 22 日至 24 日，澳门红十字会探访团赴黄冈市罗田县匡河镇黄如楷博爱小学开展探访交流活动，向学校捐赠棉被等生活物资，还走访慰问了部分贫困学生家庭

建立管理体系，是落实行动的重要途径。通过组织、协调、控制及创新等手段，把人力、物力、财力、信息等资源更多地向行动领域倾斜，把工作着力点更多地放在解决行动中的矛盾和问题上，优化资金分配，强化资金绩效。

行动起航后，则要在积极执行上不放松、坚决执行上不犹豫、创新执行上不停步、高效执行上出成效。坚决贯彻实施行动方案，履行行动内容，不折不扣地推进行动目标任务圆满完成，让人道事业之路越走越宽。

构筑系统工程，形成合力“保”落实

红十字行动是人道领域的系统工程，要求红十字人必须具备责任意识、坚韧品格和进取精神，不断加强红十字宣传工作、制度建设、机关建设、后勤服务等工作，将各方力量汇集成推进行动的强大合力，将各项方针、政策、措施等持续转化成具体的服务民生的行动。

2016 年 9 月 27 日，“曜阳养老联盟成员单位”授牌仪式在武汉东湖银铃安养院举行。中国红十字会总会事业发展中心于 2013 年在全国 11 个省 25 个市通过募集、定向捐赠的方式建立 62 个托老所，其中 10 家落户湖北

要认真谋划红十字舆论宣传。只有不断加大红十字会职能、职责和工作成效的宣传力度，大张旗鼓地宣传红十字会工作中的感人事迹、感

恩故事，才能有力唱响红十字“好声音”，传播社会正能量。

要加强社会舆情管理。只有及时关注社会反响与诉求，建立舆情监测平台，才能沉着、理性、果敢应对各类舆情，不断提高应急处置能力，占领红十字会舆论宣传主阵地。

要健全完善制度体系。组织工作人员系统学习现行制度，抓好制度的贯彻执行，结合事业发展和工作实践不断修订、完善和补充相关制度，形成以制度管人、管钱、管物、管事的良性局面。

要加强机关自身建设。巩固、深化党的群众路线教育实践活动成果，扎实开展“建成

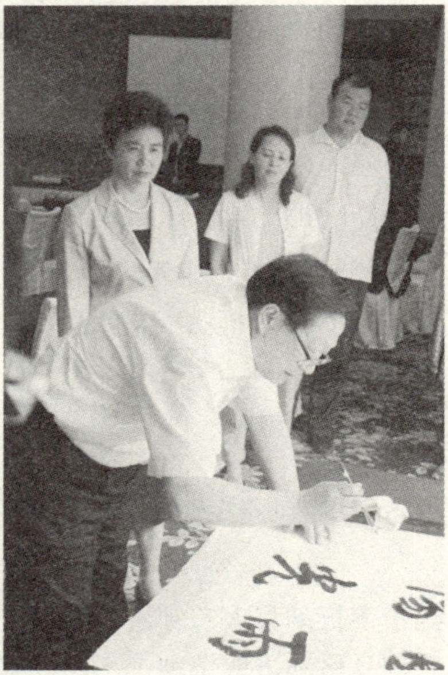

2013年6月3日，第十一届全国人大常委会副委员长、中国红十字会会长华建敏视察湖北省红十字会并为湖北省红十字会题词：共挡风雨、同享阳光

在红十字博爱家园爱心餐吧内，武汉市百步亭社区景兰苑居委会的老人正享受着可口的午餐

支点、走在前列，争做好干部”活动，开展爱岗敬业教育，建立检查约束机制，强化学习、服务、创新、责任意识，提高履职能力。坚决执行党风廉政建设系列规定，树立清廉、清正、清明的良好形象，以勤政廉政促进红十字会的社会认可度和群众公信力提升。

红十字行动孕育着红十字人的人道梦想，承载着红十字人的奉献精神。在机遇与希望并存的当今时代，我们要用坚定代替彷徨，用积极战胜消极，用梦想对抗庸碌。最终，用实干积聚人道影响，用奉献精神提升人道价值。前进道路上虽然注定会有艰辛，但湖北红十字人愿以自己的实际行动点燃博爱的火种，让人道之光在荆楚星空绽放。

五个维度看“中山慈善万人行”

行走29载的“中山慈善万人行”（以下简称“万人行”），展现了中山人的精神面貌，也凸显了中华民族崇德向善的社会风尚，成为一场海内外中山人行善、为善、向善的“欢乐嘉年华”，成为享誉国内外的红十字文化和慈善文化品牌。笔者以为，无论是传承红十字文化、打造红十字品牌，还是践行“人道、博爱、奉献”的红十字精神，或者是执行红十字公益项目、策划红十字公益活动等，“中山慈善万人行”都具有极好的借鉴意义。

2016年7月，正当全省人民奋力抗洪抢险救灾的关键时刻，长三角地区各湖北商会企业家和爱心人士慷慨解囊，纷纷通过湖北省红十字会向家乡人民捐赠救灾救急资金。上图为“千里驰援暖故土，拳拳情挚系家乡”捐赠活动现场。2016年，省红十字会接受省内洪灾捐赠款物价值共计4000余万元

一是“根”。“水有源，树有根”，任何一场持续开展的红十字公益活动都有其内核与精髓。“万人行”这棵“参天大树”也有其“根”。

中山市是中国伟大的革命先行者孙中山的故乡。中国红十字运动的

兴起、中国红十字事业的发展，都与孙中山先生的支持与呵护密不可分。他的支持与呵护，主要体现在“一部译作、一个口号、一道立案、一幅题词”上。

据载，1897 年，在伦敦蒙难后的孙中山，受伦敦红十字会医生柯士宾的委托，将其所著《红十字会救伤第一法》译成中文并在英国出版。孙中山在序言中写道：“恻隐之心人人有之，而济人之术则非人人知之。不知其术而切于救人，则误者恐变恻隐而为残忍矣，而疏者恐救人而反害人矣。”该书于 1904 年以前便流传到了国内，这是红十字会最早的中文文献之一，为中国红十字会的诞生奠定了社会心理基础。后来在北伐战争中，此书曾一度作为训练卫生队伍的教材。1904 年 3 月 5 日，上海《申报》发表社论：“孙文所译《红十字会救伤第一法》颇为有用。”

1906 年，孙中山在《中国同盟会革命方略》中首次提出“博爱”口号，并将“自由、平等、博爱”视之为国民革命“一贯之精神”。1912 年 1 月中华民国诞生，沈敦和代表中国红十字会向黎元洪、袁世凯提出“立案”请求，吁请“维持保护”。作为中国红十字运动的启蒙者，孙中山特致电黎元洪“准予立案”，促成中国红十字会合法地位的获得。同年 10 月，孙中山在《在上海中国社会党的演说》中赋予“博爱”新的思想内涵。1921 年，孙中山在广州就任非常大总统时，专为番禺红十字会题“博爱”二字，以示表彰。“博爱”二字从此成为中国红十字运动持久的精神动力。

伟人故里，博爱传扬。“一部译作、一个口号、一道立案、一幅题词”，不仅串起中国红十字运动的关键历史节点，也成为“万人行”最大的历史背景。

“万人行”是中山先生“博爱”情怀在新时期的再传承与再践行，孕育了新时期中山人的博爱情怀，营造了文明友善、乐施善助、扶贫济困、团结向上的浓厚社会氛围，成为中山这座城市一张靓丽的名片。海外中山儿女也通过参与“万人行”活动记住了乡愁。

二是“点”。一场影响力巨大的慈善公益活动，势必有其特殊的文化底蕴与价值取向。细细分析，“万人行”这场慈善公益盛典，在“联”“合”“融”上下足了功夫。

“联”传统文化、“联”民风民俗。中山是国家历史文化名城，借助元宵节这个中华民族传统喜庆的节日，举办万人巡游活动，与传统文化“联姻”，引入舞龙舞狮、秧歌、武术等民间传统艺术及黄圃镇特色、古镇镇六坊云龙、西区街道长洲醉龙等中山市本身的非物质文化遗产，既

2017 年 5 月 11 日，在由湖北省红十字会、楚商协会、湖北省红十字基金会、楚商杂志共同举办的“博爱心语”爱心企业家座谈会上，省红十字会与爱心组织、企业签署战略合作协议。这是省红十字会对人道资源动员的一次有效探索

弘扬了中山民间传统艺术文化，又增添了“万人行”活动的吸引力与感染力。

2015 年 5 月 12 日，在襄阳市襄城区敬冬老年公寓，中国红十字会总会事业发展中心与湖北省 19 家养老机构代表现场举行资助物资发放仪式。获得资助的养老机构全部由各级红十字会推荐。根据协议，每家养老机构获得由总会事业发展中心使用中央彩票公益金采购的价值 20 万元的资助物资

“合”乃结合，结合才有力量。2011 年伊始，中山开展全民修身行动，倡导尚德修身，开展公民意识培育、城市精神光大、优良品德倡导、公共文明实践、传统文化弘扬、幸福能力提升、新老中山人融合、阳光少年自强、领导干部尚德、和美环境营造等十大专项行动，成立 650 多家“修身学堂”。中山市把全民修身与博爱情怀、慈善行动有机结合，把弘扬红十字文化与构建社会主义核心价值体系有机结合，把提高市民思想道德、建设市民精神家园与弘扬人道、博爱、奉献的红十字精神有机结合，使慈善公益成为市民自发、自愿、自觉的一种生活方式，成为一种生活常态，推动全民共建共享幸福美好家园。

“融”乃融入，融入才能持久。以“万人行”为载体，将“人道、博爱、奉献”的红十字精神深度融入新时期中山市社会主义精神文明建设中，营造慈善友爱的社会氛围，提升市民的博爱奉献意识；深度融入香山文化中，发挥中山侨乡资源优势，动员海外中山侨胞支持家乡慈善公益事业，凝聚海内外爱心力量，共同推动中山慈善公益事业持久发展。

“近 10 年来，马应龙与湖北红十字会深入合作，向湖北各地捐赠药品及资金累计 4000 多万元。公益就是企业的使命，下一个 10 年，我们将继续把公益做好。”在湖北省首期“博爱心语”爱心企业家座谈会上，马应龙药业集团工会主席王方明如是说

三是“线”。紧紧依靠党和政府、依托群众，是慈善公益实践的保障。

“党委重视、政府引导、红会牵头、部门配合、市镇联运、全民参

与”的运作模式和特殊的制度设计，是“万人行”长“行”不衰最重要、最关键的因素。历届中山市委高度重视，历届政府不遗余力地支持，各级领导身体力行带头参与捐款及巡游活动。由红十字会、文化、公安、宣传、工商、体育等20余个市直部门组成活动总指挥部，负责组织策划和指挥实施，各部门密切配合，各司其职。

据悉，1997年中山市24个镇区相继成立了红十字会，从此活动从单一的市级层面推广至市镇联动，镇区的参与使活动更深入、更持久、更具生命力。

一年又一年，29年来从未间断，将活动打造成中山市民的一次“爱心大赶集”、中山本土新民俗文化大型群众性会演。这是利用中国特色人道资源动员模式、官民共襄善举的一次成功探索与实践。

四是“准”。把募集资金用准、把公益项目找准、把监督管理落准，这是红十字工作专业性的要求，更是人民群众的期盼。

一方面，公益项目聚焦准。在“万人行”的推动下，中山市、镇两级红十字会进一步发展壮大，充满博爱精神的慈善公益品牌进一步形成，城市博爱文化进一步彰显。无论国内外地震、洪灾还是雪灾、海啸发生后，中山人总是爱心涌动捐钱捐物，甚至有红十字志愿者奔赴灾区一线参与救援，从而不断书写中山人践行博爱的最新篇章。

近年来，中山市红十字会通过多种途径，采取多种方式，举办各种义捐、义演、义卖活动，广泛宣传发动募集善款。据统计，29年“万人行”募集资金累计超过11亿元，先后参与了医院、学校、敬老院等60余个公益项目建设，救助教育、医疗、困难群体，援助市内外赈灾40余次，为数百万困难群众提供了及时有效的援助。同时，设立市、镇两级救助平台，近两年来发放救助资金2亿元，帮扶困难群众逾20万人次。

另一方面，监督管理落地准。据了解，中山市红十字会先后出台了多项资金管理制度，织密四层监督网，确保公开透明。第一层，财政监督，所筹善款全额划入专户，接受财政监管，进行明细核算，实行统一管理、专款专用，杜绝资金挪用、截留或侵占；第二层，监事会监督，成立由市人大代表、市政协委员、媒体记者、企业家、律师等人员组成的监事会进行监督；第三层，第三方监督，接受审计部门及第三方会计师事务所专项审计，通过媒体向社会公布审计结果，接受社会监督；第四层，网络监督，建立捐赠资金网络查询平台，做到每笔善款都有收据、有登记、有公开、有监管。

2015 年 11 月 13 日，湖北省红十字基金会、省健康文化促进会在武汉大学第二附属小学联合开展“送健康送文化进校园公益捐赠活动”启动仪式，省红十字会秘书长李荣（前排右一）出席并向该校捐赠《中小学生安全预防与自救手册》科普图书 1700 册

五是“面”。动员群众、全民参与，是红十字公益活动追求的目标。在这其中，“参与面”与“影响面”水乳交融、相辅相成、相得益彰。

2017 年 7 月 7 日，湖北省红十字会党组书记、常务副会长宋悦明（右一）到湖北周黑鸭食品有限公司，回访答谢该公司捐赠价值 10 万元物资支持 2017 年湖北省“5·8 世界红十字日”纪念活动，向公司董事长周富裕颁发荣誉证书

一方面，参与面既是因，也是果。每年数万名市民、海内外中山乡亲聚集在一起，沿着指定路线巡游，沿途数万名观众集聚观摩，形成宏大热烈的活动氛围。

从一系列对比可以看出其变化：在参与人数上，从最初 1.8 万人巡游、不到 10 万人次捐款，发展到 2016 年逾 6 万人巡游，过百万人次捐款捐物；在募集金额上，从 1988 年的 7.2 万元，上升至 2016 年的 9289.16 万元；在活动形式上，从松散自发的单一活动、当日活动，发展成拥有固定节日、欢快主题曲、鲜明商标、跨时 3 个月，义捐、义卖、义赛、义演、义诊等多种方式综合的慈善公益系列活动；在实践效果上，实现了从自发到自觉、从物质到精神的大转变和大提升，红十字精神成为市民的文化自觉，成为城市精神文明建设的重要内容。

2012 年 5 月 12 日，第九届全国人大常委会副委员长、中国红十字会特别顾问彭珮云（右四）到湖北省红十字会就红十字会的改革与发展进行工作调研。时任省委常委、副省长、省委统战部部长、省红十字会会长张岱梨（左三），时任省人大常委会副主任、省红十字会名誉副会长蒋大国（右三）等陪同调研

另一方面，影响面既是果，也是因。中国红十字会原会长彭珮云说：“中山的慈善万人行就是中山人民的狂欢节，比西班牙的狂欢节更有意义。”

“万人行”不仅在全国红十字会系统产生辐射影响，还赢得国际声誉。1995年，在韩国首尔召开的亚太地区红十字会与红新月会志愿工作者大会上，其经验得到31个国家和地区与会代表的高度赞誉。2015年，红十字国际委员东亚地区代表处、红十字会与红新月会国际联合会东亚地区代表处首次派员参与。红十字国际委员会东亚地区代表处副主任凡尚·卡萨尔在出席活动后表示："中山的慈善万人行作为当地红十字会的一个品牌活动，从形式、时间以及对红十字人道主义精神的传播作用来看，即使放到国际上，都算得上是红十字系统不可多得的活动。"

29载不忘初心，"万人行"获得多项殊荣，品牌效应不断呈现。早在2010年，中山市就已注册了"中山慈善万人行"标志。每年全市600余个公共视讯影像平台和《中山日报》外版专栏宣传，让"万人行"享誉海内外，海外乡亲及时获悉、积极参与。

目前，"万人行"已成为传播人道主义、传承博爱精神、践行社会主义核心价值观的平台，成为海内外中山人传承中华民族传统美德、弘扬文明新风、乡情交融的平台，成为捐献者、志愿者、受益者、组织者交流互动的平台，成为社会人道资源充分整合利用、全民动员与全民参与行善、为善、向善的平台，成为推进中国红十字事业星火燎原的平台，并努力走在成为"中华民族慈善公益文化旗帜和标杆"的路上。

（本文系作者与湖北省红十字会张钦合作，刊于2016年12月9日《中国红十字报》）

弘扬人道精神
打造“四维”红十字会党员干部队伍

习近平总书记指出，红十字是一种精神，更是一面旗帜，跨越国界、种族、信仰，引领着世界范围内的人道主义运动。这种精神就是“人道、博爱、奉献”的红十字精神，这面旗帜就是汇聚人道力量、引领社会文明的旗帜。弘扬红十字人道精神，努力打造“看得见、有感觉、敢放心、广传颂”的红十字会党员干部队伍，是全省各级红十字会党组织义不容辞的责任。

一、百年红十字运动的辉煌历史是红十字会党员干部取之不尽的精神财富

（一）百年历史的红十字运动是全心全意为人民服务的辉煌篇章

中国红十字事业历经112年发展，从1904年成立之初主要从事救护伤兵、救助难民、赈济灾民等活动，发展到今天以“三救”“三献”为核心从事人道主义工作的社会救助团体，实现了从小到大、从弱到强、从量到质的蜕变，成长为中国特色社会主义事业的重要组成部分。这其中离不开广大人民群众的共同参与和推动。辛亥革命，中国红十字会医疗救护队奔赴各战区开展人道主义救护；北伐战争，有了广大会员和志愿者的奉献付出，才有红十字会组织医疗机构救护伤病员百万人以上的工作成果；抗日战争，红十字会在群众的掩护和配合下，竭尽所能地开展战地救护和战区的难民救治工作；抗美援朝战争，红十字会组织7个志愿服务大队参加战场救护，挽救了数以万计伤病员的生命；新中国成立后，红十字会动员更多群众投身于这项伟大而崇高的运动，在自然灾害救援和卫生知识普及等方面做出了巨大贡献。2008年汶川地震，全民爱心捐赠199亿元，数以万计的红十字工作人员和志愿者战斗在救灾一

线，与其他救助力量一道汇成了世界范围内最大规模的人道洪流。玉树地震、芦山地震、岷县地震，每当有灾难发生，爱心群众都心系灾区、心急如焚；北京奥运、上海世博，每当有大事喜事，广大红十字志愿者都热情激昂、奉献为乐；无偿献血、捐献造血干细胞，每当病患遭遇生死考验，“爱心天使”都伸出援手、挽救生命。

“迎新春　包饺子　送温暖”，2017 年 1 月上旬，黄石市西塞山区新建社区 20 余名红十字志愿者，与社区流动人口一起开展包饺子、连情谊活动

红十字精神与党的全心全意为人民服务的宗旨一脉相承。“人道”是对人的价值、生命和生存高度尊重与保护的善良理念；“博爱”是对所有人特别是易受损害或陷入困境的人的深切同情、关心、爱护的博大胸怀；“奉献”是在人道、博爱情操下出于内心自愿帮助他人和服务社会而无私付出的高尚行为。“人道、博爱、奉献”的红十字精神既是人类最基本的道德良知，又是人类社会共同的道德高地和精神财富，与“一切为了群众、一切依靠群众”不谋而合。人道的力量来源于群众，植根于群众，服务于群众，取自于群众。在党的领导下，依靠党，依靠群众，是红十字运动壮大的不竭源泉，是红十字事业发展的坚强保障。事实证明，红十字运动百年发展史就是一部红十字党员干部践行党的宗旨、全心全意为人民服务的生动历史。

（二）“为民、务实、清廉”是红十字党员干部的精神高地

首先，“为民”是红十字会党员干部的最高追求。红十字会是党和政府在人道领域的助手，在应急救援、应急救护、人道救助以及无偿献

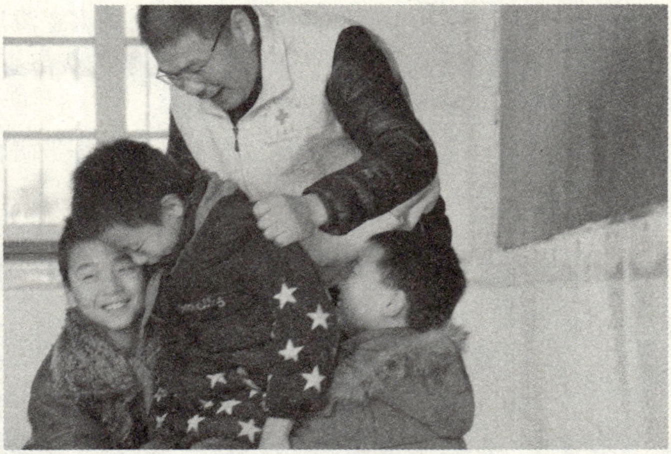

红十字应急救护师资现场为农村小学的孩子们进行应急救护知识培训，3 名小学生在培训中进行现场演练

血、人体器官捐献、干细胞捐献等领域发挥着积极作用。红十字运动本身的服务对象是有着特殊困难的需要帮助的人群，产生的最大效益是保护人的基本生存权利和尊严，使人性臻美，使社会和谐。从这个意义上讲，红十字会的工作应该更具体，任务应该更直接，这就要求红十字会党员干部牢记党的宗旨，牢固树立“服务群众”的理念，沉下去、摸实情、办实事，主动回应民众诉求，尽心服务困难群众。

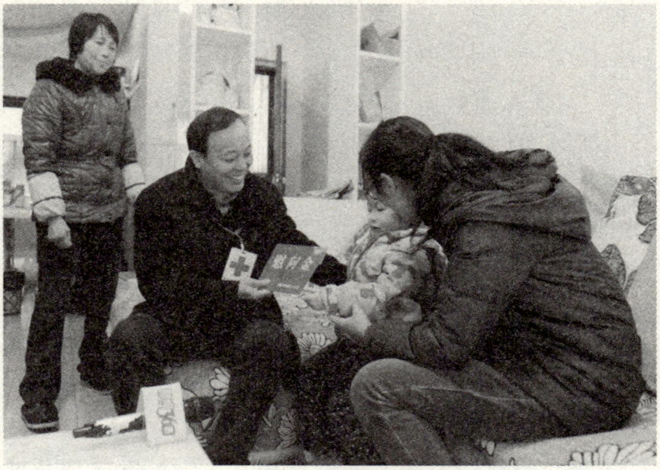

2015 年 12 月 4 日，省红十字会专职副会长张钦（左二）探访慰问武汉地区“小天使基金”救助家庭代表，随行的广州军区武汉总医院儿科医生还为救助对象进行健康检查

其次，“务实”是红十字会党员干部的最大动力。近年来，红十字会每有项目实施，党员干部必有一线调研论证；每有灾害救援，党员干部必有一线出生入死；每有人道救助，党员干部必有一线走访核实；每有规范出台，党员干部必有一线普及宣传。进入新时期，新形势、新问题不断涌现，面对错综复杂的社会现象和建成小康社会的崭新目标，红十字会党员干部别无他路，必须坚持党的优良传统，一切从实际出发，解放思想、实事求是，调查研究、需求导向，脚踏实地、埋头苦干。开展每一项活动，实施每一个项目，进行每一次募捐，常态化的一切救助都要注重实效，追求实效，让人民群众真切地感受到，红十字会党员干部是在真正做实事，是在替政府排忧解难，是在发挥着党和政府在人道领域联系群众的桥梁和纽带作用。

2015 年底，黄冈市红十字志愿者、澳门红十字会探访团在黄冈市康寿福利院探访慰问老人并开展联欢活动，所到之处充满了欢声笑语

最后，“清廉”是红十字会党员干部的道德标尺。红十字会作为集“国际赋权、国家赋权、社会公众赋权”于一体的人道救助组织，拥有巨大的社会资源。科学、合理、公平、效益最大化的管理和使用这些社会资源是红十字会永恒的课题。中国红十字运动使得数以亿计的最需要帮助的群众从中受益，也因此赢得了社会各界和广大群众的普遍认可。《国务院关于促进红十字事业发展的意见》和《湖北省委、省政府关于

加强新时期红十字会工作的意见》对打造公开透明红十字会提出新的更高要求，建立综合监督体系刻不容缓。红十字运动倡导的红十字精神历经150年的发展，业已提升为“人道为本、博爱为怀、奉献为荣”的红十字文化，发展为“尊重生命、敬畏生命”的文化力量，修炼为“上善若水，厚德载物”的文化品格，由它熏陶和感染的红十字会党员干部，除了要自觉遵守党纪法规外，还要提高个人道德修养，把珍视荣誉、清廉个人的德行当成立身之本、为人之道、处事之基，当成“必修课”和“生命线”，必须把好清廉这个“总开关”。

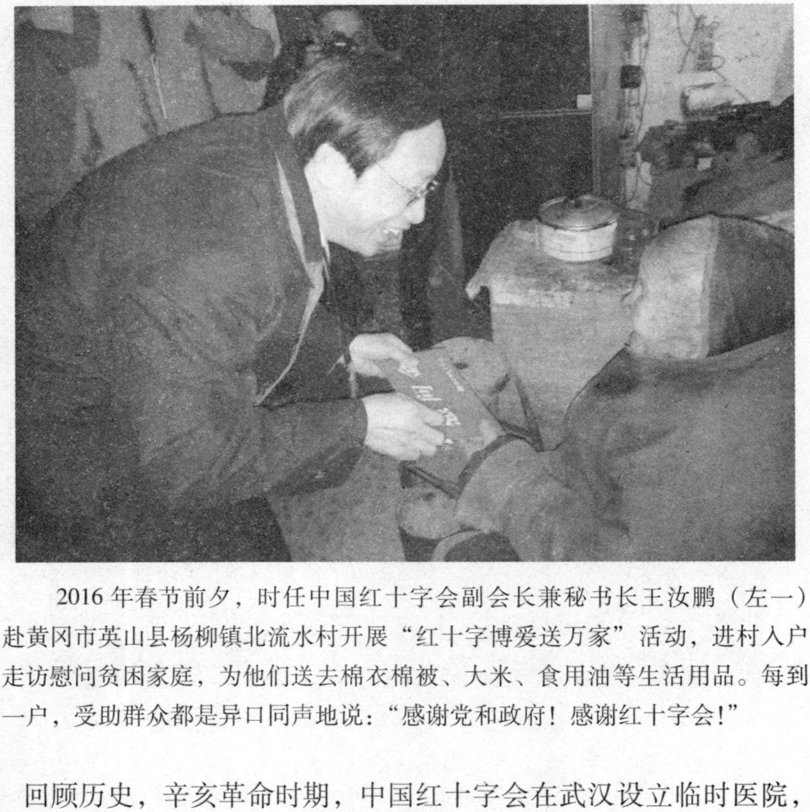

2016年春节前夕，时任中国红十字会副会长兼秘书长王汝鹏（左一）赴黄冈市英山县杨柳镇北流水村开展“红十字博爱送万家”活动，进村入户走访慰问贫困家庭，为他们送去棉衣棉被、大米、食用油等生活用品。每到一户，受助群众都是异口同声地说：“感谢党和政府！感谢红十字会！”

回顾历史，辛亥革命时期，中国红十字会在武汉设立临时医院，救伤瘗亡，解危济贫，舒缓社会，孙中山给予了“厥功尤伟”的高度赞扬。1916年6月27日，中国红十字会汉口分会在现硚口区帮药一巷8号创建，这便是湖北省红十字会前身。他们开办医院，设立战时妇孺救济所。抗战爆发后，中国红十字会总会救护总队部于1938年春在汉口成立（后迁到贵阳），救护活动遍及全国各个抗日战区，为军中将士提供救助，为各地居民提供医疗服务。从红十字进入荆楚大地那一刻起，红十字精神与“仁者爱人”的传统道德标准便水乳交融、薪火相传、生生不息，为困难群众带去希望的曙光，为社会带来人道主义的鸣响。

2015 年 8 月，神农架林区红十字会在神农顶红十字景区救护站开展应急救护培训复训。图为救护师资与学员们在救护站门前合影

如今在湖北省委、省政府的坚强领导下，全省各级红十字会党组织带领广大红十字工作者、志愿者，已初步建立了博爱江城、博爱家园、博爱卫生站、博爱送万家、博爱荆楚等“博爱”系列品牌，具有荆楚特色的红十字文化进一步固化和放大。

（三）红十字会党员干部承载着凝聚幸福文明湖北建设人道力量的重任

2011 年 4 月 15 日，省委书记李鸿忠在省委常委会上听取省红十字会工作情况汇报后，要求大力弘扬“人道、博爱、奉献”的红十字精神，着力打造红十字“物化”和“文化”；不仅要打牢人道救助的物质基础，还要充分发挥湖北文化大省的优势，大力加强红十字文化建设，不断扩大红十字社会影响力和公信力，在促进全省社会主义精神文明建设和构建和谐湖北建设中凝聚人道的力量。

红十字事业是一项造福人类、提高生命质量和爱心接力的工程，在引领社会道德风尚、提升精神文明程度、助推幸福湖北建设中作用独特、影响积极，而各级红十字会的党员干部责任重大、使命光荣，必须不忘初心、主动担当。

2016 年 1 月 28 日，在列席湖北省十二届人大四次会议期间，省红十字会党组书记、常务副会长宋悦明接受凤凰网湖北频道专访，畅谈“十三五”时期红十字事业发展的规划与前景

2012 年 6 月，湖北省红十字会举办全省第一期人体器官捐献协调员培训班

一是担当着社会道德风尚的导向引领使命。习近平总书记寄语全国志愿者和爱心人士时指出：积极向上向善，从“赠人玫瑰、手有余香”中感受善的力量，以实际行动书写新时代的雷锋故事，为实现中国梦有一分热发一分光。当下，人们的思想意识和价值取向日趋多元，思想文化和社会道德领域正经历着剧变，社会转型期的心灵迷惘、道德阵痛，

社会伦理与利益的激烈碰撞，致使出现了道德失范、诚信缺失、精神贫血等现象，折射出今天的中国社会面临着复杂的道德课题。红十字会党员干部将“人道、博爱、奉献”的红十字精神深度融合于社会公德、职业道德、家庭美德和个人品德中，贯穿于各种人道行动之中，渗透于人的品行、道德和操守中，具有人心向善的强大感染力。以荆楚儿女“大善、大爱、大勇”的精神品质为底蕴，广大红十字会党员干部大力推崇蕴含博爱、奉献精神的人道主义精神，以唤起人们心灵中关爱生命、同情弱者、守望相助的善念火苗，发掘和强化“善良、善知、善行”等人性向善的光明面，培养高尚的公共道德意识，巩固和发展“慈爱、仁爱、博爱”等健康向上的思想道德主流，为改变道德领域格局、纠正社会不良思潮发挥“催化剂”作用。

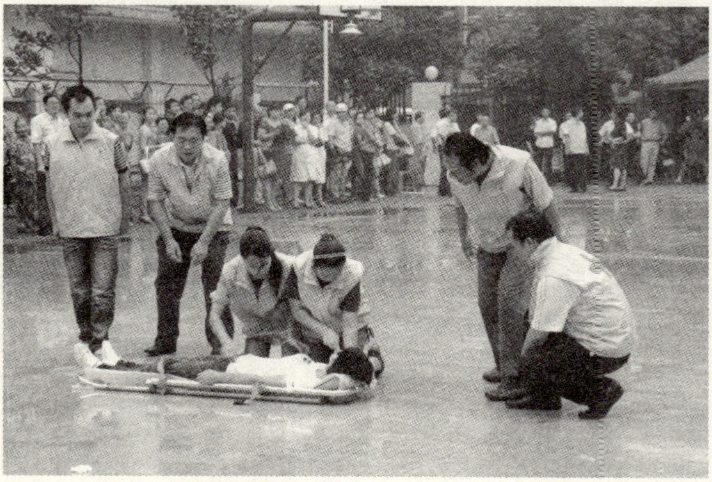

湖北省红十字会持续开展应急救护公益培训进社区、进农村、进学校、进企业、进机关活动

二是担当着提升精神文明程度的生力军使命。“文明湖北”建设，必须为湖北科学发展凝聚起最广泛的人道力量，实现全省人民群众的文明素质和道德修养明显提高；必须用先进典型和道德模范的感召力，引领社会风尚，使之成为人民群众普遍理解接受、自觉遵守奉行的价值理念，成为全省人民奋发向上的精神力量、团结和睦的精神纽带。红十字精神与天下为公、扶危济困等中华民族的传统美德是高度统一的，与党全心全意为人民服务的宗旨高度契合，闪烁着爱国主义、集体主义、无私奉献等社会主义和共产主义道德的夺目光辉，彰显着人道为本、博爱

为怀、奉献为荣等时代精神的丰富内涵。正因如此，红十字精神在时代进步中始终焕发着不朽的光彩和持久的魅力。

单身母亲小洁（化名）在生日当天签署人体器官捐献志愿书

近年来，省红十字会推出了一批知名度较高的先进典型，感动了社会，有力地传播了人道公益理念，为建设精神区位、构筑精神高地、提升精神境界，促进社会主义精神文明建设发挥了生力军作用。在2016年抗击洪涝灾害的战斗中，广大红十字会党员干部情系群众、勇于担当，将防汛当考场，一线显本色，他们先后七批次向灾区调拨救灾物资，其中夹克衫16485件、家庭包17481个、帐篷1080顶、棉被10000床、防潮地垫500个、衣物721件、面包5000份、大米7410袋、食用油5240瓶、饼干（方便面）580箱、矿泉水1240箱，防蚊（消毒、防暑）用品592瓶（套），并将物资分发到群众手中，为抗洪救灾取得阶段性胜利做出了贡献，以实际行动赢得了人民群众的赞誉，书写下红十字会党员干部不忘初心、人道为民的坚贞誓言。“为了灾区人民，再苦再累也值”，“一想到群众还泡在水里，就感到时间浪费不起啊”。这是来自奋战在救灾一线的红十字会党员干部的心声。

三是担当着“幸福湖北”建设的助推器使命。“幸福湖北”既要经济发展，又要社会和谐。建设“幸福湖北”，是物质需要与精神追求、经济发展与社会建设的结合，不仅体现为物质富裕、人民殷实、社会昌盛，也体现为文化繁荣、民主法治、道德文明。这就要求每一名红十字会党员干部必须切实解决好群众最关心最直接最现实的利益问题，使人民群众真正享受看得见、摸得着的幸福，让人民群众生活得更加幸福、

澳门红十字会探访团赴黄冈市罗田县匡河乡黄如楷博爱小学开展探访活动并与孩子们合影

更有尊严。自2010年以来，省红十字会积极参与“三万”活动和精准扶贫工作，以精准式的人道救助助力扶贫攻坚。红十字会党员干部在解决困难群众和弱势群体的“衣食住行、医教保业”方面，做了大量顺民心、解民忧、惠民生的实事、好事、善事。特别是在党和政府的领导下，党员干部广泛动员社会力量，汇聚国际国内资源，帮助改善困难群众的生活境况，化解社会矛盾，有力促进了社会和谐稳定；推动以“慈善”为原则的第三次分配，协调利益关系，有力促进了社会公平正义；引领和带动相关社会组织参与社会管理和社会建设，为创新社会管理发挥着助推器作用。

二、当前红十字会党员干部队伍建设面临难得的机遇

（一）中央群团工作会议精神，为红十字会党员干部队伍建设指明了方向

《中共中央关于加强和改进党的群团工作的意见》指出：“各级党委要加强群团组织领导班子建设，努力打造政治坚定、团结务实、群众拥

护的坚强领导集体。”“群团干部是党的干部队伍的重要组成部分。各级党委要重视抓群团干部培养，全面加强群团干部队伍建设。”“群团组织领导机关要带头践行党的群众路线，把密切联系群众作为根本的工作作风，把工作重心放在最广大普通群众身上。”“群团组织领导机关干部要带头树立经常联系群众、直接服务群众、真情同群众交友的好作风，竭诚为群众服务。”“完善党建带群建制度机制，把党建带群建作为党建工作责任制的重要内容。”这些论述为红十字会党员干部队伍建设指明了方向。广大红十字会党员干部依法履职，在减轻疾苦、保护生命、维护尊严、促进和平等方面做了很多好事、善事，旗帜般引领着社会风尚。

（二）全面深化改革和转变政府职能，呼唤红十字会党员干部队伍建设

从全面深化改革的方向看，轻型化机关、扁平化管理、清晰化监管、社会化服务将是大势所趋，政府诸多服务职能将进一步由社会组织承接。刘延东副总理要求红十字会按照全面深化改革的部署要求，创新管理体制和运行机制，改革完善内部治理结构，切实加强红十字会的自身建设，不断提高救助实力和社会公信力、影响力、感召力。历经112年成长发展的红十字组织，形成了基层组织体系广、志愿服务成本低、社会联动效应强等独特优势，在参与政府购买服务、承接政府职能转移、提供专业化公共产品的过程中，不断健全符合公共服务特点的运行机制，在开展人道行动中，也以“润物细无声”的方式加快着红十字会党员干部队伍建设进程。

（三）红十字事业深度融入以民生改善为重点的社会建设，促进红十字会党员干部队伍建设

红十字会以困难群众、弱势群体为“着力点”，以做大做强募捐筹资为“增长点”，以困难群众的人道需求为“切入点”，搭建聚集爱心资源和社会力量服务困难群体的平台，着力解决困难群众最现实的利益问题。各级红十字会党员干部在开展人道救助、反映群众诉求、兜住民生底线、化解社会矛盾、创新社会治理和维护社会和谐稳定中发挥了特殊功能，也成为促进社会和谐、文明、进步不可或缺的一支重要力量。面向基层、面向群众、服务民生，人道救助在实现触手可及、“救在身边”的同时，也促进和提升着红十字会党员干部服务群众、参与社会建设的水平。

（四）“十二五”时期及之前的积累，为红十字会党员干部队伍建设奠定了基础

近年来，为不断提升核心竞争力，增强红十字会的美誉度和影响力，湖北省红十字会在加强党员干部队伍建设、人才队伍建设等方面探索新路。一方面，会党组在加强党员干部队伍建设上做到“四个坚持”，即坚持注重实绩、公开透明、民主决策、用人所长。采取了五项措施，即强化正确导向、强化程序选人、强化实践历练、强化用其所长、强化从严监管。实现了“四个转变”，即干部队伍布局渐趋合理、干部队伍结构不断优化、干部整体素质显著提升、干部管理教育逐步规范。另一方面，砥砺前行奠定了坚实的发展基础。广大党员干部科学应对突发灾害，主动面对人道诉求，常态救助、重点援助、特色帮助；会党组书记、党组成员先后受邀“厅局长访谈”、“对话厅局长”、荆楚网和省政府门户网站专访，“捐髓群星”“红十字故事汇”闪耀荆楚。红十字口碑大幅提升，人道好声音嘹亮荆楚大地。

城乡牵手交流，共建和谐社区。2016 年 3 月初，武汉市百步亭社区景兰苑居委会的红十字志愿者赴咸宁市通山县大畈镇高坑村，开展义务理发、照相、维修电器、文艺演出等志愿服务活动，并向贫困村民捐赠衣物，向留守儿童捐赠学习用具，向特困农户捐赠现金，受到村民的热烈欢迎

三、努力打造“四维”红十字党员干部队伍

红十字会党员干部队伍建设是一个系统工程。如果把其看作“四维空间”，那么，看得见、有感觉、敢放心分别构成其长、宽、高三条轴，而广传颂便是其时间轴。

（一）打造“看得见”的红十字会党员干部队伍

《国务院关于促进红十字事业发展的意见》指出，公开透明是提升红十字会社会公信力的重要保证，信息化建设是推进公开透明的重要手段。红十字会党员干部要适应社会公众权利意识、参与意识、监督意识不断增强的新特点，对接中国红十字会总会信息化建设总体方案，推进省红十字会系统信息化建设。建立募捐信息查询系统，及时发布和公告捐赠款物使用信息，让捐助人在互联网上查看自己捐助的资金或物资的去向，并得到受助者的信息反馈；建立红十字志愿活动记录查询系统，实现志愿服务有记录、可查询，形成对志愿者的有效激励，积累和传播红十字正能量；建设基层组织及人道资源信息系统，推动人道救助“社区牵手行动”。建设红十字事业展示大厅，全方位展示红十字事业发展成就。紧抓“互联网+”、大数据、云计算等信息化技术快速发展等机遇，构建全省人道大数据，满足人民群众随着经济社会发展不断增长的对人道公益事业公开透明的要求，向社会呈上一本明白账、放心账，以公信树形象。

（二）打造“有感觉”的红十字会党员干部队伍

各级红十字会党组织是推动红十字事业发展的“关键少数”和“责任主体”，要加强红十字会党员干部队伍建设和人才队伍建设，加大教育培训、轮岗交流、选拔任用等力度，重点培育和引进募捐筹资、项目管理、信息化建设、宣传传播等方面专业人才，实施县级以上红十字会专职负责人轮训制度，增强实践、创新能力，提升组织动员、募捐筹资、救助救援水平；推进内生动力增长机制创新，在政府资源有限的情况下，突出与社会组织、社区组织、机关和企业的联系，跟进民生人道需求，动员社会人道力量，集聚人道资源，兜底人道底线。近年来，全省红十字会系统按照发展有“规划”、行动有“计划”、指导有“意见”、实施有“方案”、操作有“标准”、管理有“办法”、立规有“制

度”的“七有”要求，出台专门文件，制定重要事项行动计划和各项工作实施方案，完善相关管理制度和管理办法，通过标准化、规范化、制度化，让红十字会服务对象切身感受到红十字会党员干部队伍的“严谨、规范、透明、专业、高效”。

（三）打造“能放心”的红十字会党员干部队伍

在党员干部队伍建设中，健全完善法律监督、政府监督、社会监督、舆论监督和自我监督“五位一体”的综合监督体系。法律层面，协调省人大、省政协专门委员会开展《中华人民共和国红十字会法》和湖北省《实施办法》《湖北省人体器官捐献条例》执法检查，聘请法律顾问处理红十字法律相关事务。政策层面，主动邀请审计部门或有资质的第三方审计机构，对社会捐赠款物使用情况进行定期、专项审计，审计结果及时公开；借鉴国际通行做法，建立健全资金募集、管理、使用全过程公开制度，实施第三方监督评价机制，形成管理闭合环。社会层面，网上“晒账”、媒体公布、印发宣传品，发布面向社会“九条承诺”，推动信息公开透明；发挥红十字专家咨询委员会建言献策、咨询研究、民主监督作用。舆论层面，邀请新闻媒体参与重大活动，倾听新

十堰市红十字会在城区各商场、超市、银行、学校、医院、车站等公共场所设置近百个公益宣传募捐箱。该募捐箱结合“智慧城市”建设要求，通过高科技设施与传统募捐箱相结合，可1秒钟将信息推送到全市所有募捐箱，集公共事项发布、公益宣传、爱心捐款和信息发布于一体

闻媒体的建议和呼声，运用舆论的独特力量，帮助公众了解人道事务。自身层面，督促党员干部改进捐赠服务的方式方法，建立绩效考评和问责机制，巩固以国际标准开展组织能力评估的成果，加强、改进、促进工作，建立“敢放心”的公信力。资金支出程序更加严苛，党员干部队伍作风建设更加严格。唯有如此，才能树立强大的公信力，赢得党和政府、社会与群众的重视与支持。

（四）打造“广传颂”的红十字会党员干部队伍

凝聚人道力量，引领社会文明，讲好红十字故事，传播人道好声音，是红十字会党员干部义不容辞的责任。

一要引导广大党员干部积极构建“三联”机制。与共青团、高校等部门联动，建立红十字工作运行长效机制；与政府有关部门联促，争取红十字工作奖励政策；与宣传部、文明办等部门联赞，弘扬人道、博爱、奉献精神。在引领社会崇德向善、敬业诚信、遵纪守法、互助友爱、文明和谐中发挥独特作用。

二要创新人道传播模式。贯彻落实省委宣传部《关于全域全覆盖做好“微宣传”的指导意见》，将其纳入意识形态工作的重要任务，作为党组中心组学习的重点内容，以大宣传格局建设为抓手，落实“微宣传”工作。加大对红十字会党员干部、志愿者等典型的宣传力度，配合新闻媒体以最有力的方式讲好红十字故事。建立以红十字会党员干部为主体的网宣队伍，打造门户网站、网络论坛、网站手机版、微博、微信等红十字宣传网阵，综合运用新媒体平台进行网上引导和动员。

三要健全完善宣传网络体系。以红十字会党员干部为主、以省红十字新闻志愿服务队为辅，构建红十字会宣传传播团队。提高舆情应对和引导能力，主动发声、及时发声，牢牢把握红十字舆论宣传主动权。建立培训、交流、激励机制，不断提升全系统传播能力，让红十字会党员干部人人成为人道传播员。

四要探索全覆盖宣传机制。依托新媒体、报纸杂志、电台电视台等媒介开展有力度的宣传，探索“新兴媒体有文章、传统媒体有声音”的全覆盖宣传机制，增进社会大众对红十字会党员干部的理解和信赖，吸纳更多志愿者和社会人士参与人道公益事业，让人道主义的鲜花次第盛开在荆楚大地。

（本文系作者与湖北省红十字会李荣合作，荣获2016年度湖北省机关党建优秀调研成果三等奖）

硝烟中凝聚人道力量

——抗战初期武汉征募运动回顾与启示

武汉会战是抗日战争战略防御阶段规模最大、时间最长、歼敌最多的一次战役。为支持抗战而开展的征募运动层出不穷，从武汉学生抗敌工作团开展的募捐游艺公演、剧业剧人劳军公演团的公演募捐，到武汉各界第二期抗战扩大宣传周10万人大游行火光辉映长江两岸；从面对民众普遍缺乏战时观念而深有感触的董必武、走在街头游行队伍最前列振臂高呼的郭沫若，到对全民募捐支持抗战做出深刻而客观评价的胡绳；从各界抗敌运动大会、七七事变一周年献金运动，到30万封慰劳信运动……一次次征募运动，有力地支持了抗战。

80年前的武汉三镇，一派同仇敌忾、气壮山河的御敌沧桑画卷，也是一幅此起彼伏、义薄云天的民族大爱画卷。它所呈现出的时代特点与历史局限，对当前募捐筹资乃至人道资源动员仍具有重要启示。

背　景

1937年11月，国民政府迁渝后，政府机关大部和军事统帅部依然在武汉，武汉实际上成为全国军事、政治、经济中心和战时“首都”。位于长江中游的武汉是当时中国第二大城市，人口超过200万。汉口是商业集中地，汉阳是工业重镇。粤汉铁路建成后，武汉随之成为中国内陆的重要交通中心，同时也是将南方港口运来的对外援助物资运往内陆的枢纽。12月13日南京沦陷后，日本继续推行速战速决灭亡中国的政策。“为了彻底打击国民政府，使它名义上和实质上都沦为一个地方政府，必须攻下汉口、广州及其他抗战中枢”，“为了摧毁抗日战争的最大因素——国共合作势力，攻下汉口是绝对必要的”。鉴于武汉战略地位的重要性，日本昭和研究会在《关于处理中国事变的根本办法》中如是说。因此，汉口成为这一时期日军进攻的重要目标。

此时，分布在战区的商界、文化界等各类社会团体的重要人士也齐聚武汉，与武汉民众携手开展了各种抗日救亡运动。这一时期正值国共两党密切合作、社会团体广泛参与的重要时期，武汉的抗日救亡运动由此进入一个新的历史阶段。遍布武汉三镇的征募运动呈燎原之势，拉开了抗战背景下武汉全民参与募捐以支持前线的序幕。

概 况

1937 年 7 月 7 日夜，日本侵略者蓄意制造了震惊中外的卢沟桥事变（即七七事变），悍然发动全面侵华战争，激起了我国人民的愤慨，在武汉三镇也引起了强烈的反响。7 月 8 日，教育会、商会等武汉地区民众团体纷纷致电平津当局和南京国民政府，代表全鄂 2500 万民众表达“宁为玉碎，不为瓦全”的誓言，汉口各界募捐慰劳前方将士委员会成立。随后，湖北妇女战时工作团、汉口基督教青年会战时服务团、武昌市民捐输款物慰劳抗敌将士委员会等团体相继成立。截至 11 月中旬，国民政府宣布迁渝前，仅武汉一地成立的后援团体就达 20 个。他们一方面向政府吁请抗日，保卫家国；另一方面以各种形式支援抗战，其中最典型的就是动员捐献、征募钱物，慰劳前方抗战将士。

抗战时期，武汉女子中学学生在街头制作标语支持抗战

1937 年 10 月 21 日，湖北省征募委员会成立。是年底，负责抗战宣传的军委会政治部先后发动了各界抗敌运动大会、武汉各界第二期抗战扩大宣传周、纪念九一八扩大宣传、七七献金、救护伤兵、征募寒衣、30 万封慰劳信等较大规模的募捐运动。其间，由民办大公报社发起组织、军医署支持、红十字会参与的救护伤兵运动，从 1938 年 4 月到 10 月持续时间达半年之久。而七七献金运动 5 天时间便募集上百万资金。至此，武汉抗战征募运动进入有动员、有组织、有活动、有整合、有特色、有外援的时代。

在国民政府军委会政治部及后来的第三厅领导下，经过轰轰烈烈的宣传动员，广大民众热血沸腾，家国情怀不断积淀，爱国情绪空前高涨。他们虽不在抗敌前线，但在大后方投身如火如荼的献金运动，以另一种形式支持抗战，唱响那个时代嘹亮的民族战歌。

特　点

一是丰富有效的群众动员。抗日战争是在敌强我弱的状态下展开的，在中国经济严重落后的背景下，社会资源极度匮乏，很难募集太多钱物。当然，也有一部分民众国家意识淡漠，对支持抗战持事不关己的态度。所以，有效的群众动员，对于唤起国民的爱国热情，以踊跃捐款捐物等行动支持抗战具有重要意义。

当时的报纸报道社会各界总动员保卫大武汉

1937 年 12 月，刚迁到武汉不久、负责宣传动员的军委会政治部便招待在汉的新闻报刊文化界人士和汇集在武汉的各地文化界人士，号召这些有识之士肩负起动员民众之责。在国民政府迁汉不到一年时间里，由军委会政治部及后来负责抗战宣传的第三厅先后发动了几次规模较大的宣传运动，组织了各界抗敌运动大会、武汉各界第二期抗战扩大宣传周、抗战节约宣传周等活动，以演讲、演剧、广播、电影、美术、歌咏等民众喜闻乐见的形式，有效传播了“保卫大武汉”及“有钱出钱，有力出力”等理念。其中武汉各界第二期抗战扩大宣传周活动影响深远，分别举行了文字、口头、歌咏、美术、戏剧、电影、游行等 7 种宣传活动。活动第一天，适逢前线传来台儿庄大捷的消息，刚成立的第三厅立即行动，在两个小时内便动员了 5 万余民众举行庆祝大会。当晚，还举行了 10 万人大游行，火光照红了长江两岸，唱歌声、爆竹声、口号声此起彼伏，响彻滩头，走在游行队伍前列的郭沫若带头高呼“坚持抗战、反对投降”等口号。从 1938 年 4 月 7 日至 13 日，历时一周的宣传，让民众对于第二期抗战形势及意义有了深刻认识。

此后，第三厅又组织领导了抗战周年纪念扩大宣传周、纪念八一三保卫大武汉扩大宣传、九一八纪念扩大宣传等活动，唤起了广大民众的民族觉悟和爱国情怀，以实际行动支持抗战，也激励了前方将士再接再厉、奋勇杀敌的斗志。

二是层出不穷的献金运动。在动员群众的同时，武汉三镇还开展各种义演、义卖、献金运动，以及慰问伤兵、难民等活动。

1937 年 7 月 13 日，汉口各界募捐慰劳前方将士委员会成立当天，汉口市商会便向会员发出“各竭其力，各尽其责，共策后援，救国输财”的号召，共筹款 2 万元汇寄抗战前方。武汉大学师生募集卫生包 4600 个、棉被 500 余床，教授苏雪林捐出其全部积蓄价值七八千元的黄金 51 两。11 月，考虑到日机经常空袭武汉，市工商界捐款 1.65 万元，用以增强城市防空设施。

除直接动员个人捐献外，汉口市各剧团还进行多次公演募捐。九一八事变纪念日当天，武汉学生抗敌工作团举行募捐游艺会公演，筹得 700 余元；成立于 1937 年 8 月的汉口市剧业剧人劳军公演团，仅两个月便公演 12 次，筹得票款 6000 余元，受到湖北省党政军联席会议传令嘉奖。

1938 年 3 月 15 日，军委会政治部在武汉举行各界抗敌运动大会，现场组织 300 余支宣传队，募捐队在当日动员民众 5 万余人捐款 4000 余元。是年4月开始的救护伤兵运动中，大公报社利用自己得天独厚的优势进行宣传动员，先后发表52篇新闻报道、4篇社评、11篇短评，为伤兵、病兵呼吁，在强大的宣传动员下，半年共募款146704.228元。以新运会为主导发起的节约运动，前后持续两月之久，分为生活节约、节日节约、节约献金竞赛等，汉口各业节约献金竞赛委员会组织了武汉市酒菜业、银钱业、理发业、纱绸缎业、布匹百货业、五金业、颜料业参赛，持续7天的献金竞赛共募款8582.69元。在七七事变一周年献金运动中，持续5天共动员100万人次参加，募款近100万元。

儿童在武汉三镇街头宣传献金救国

在络绎不绝的献金人群中，既有国民政府军政要员、中国共产党人、一般军人、公务员、文化艺术界人士，也有商人、工人、农民、店员、车夫、小贩、家庭妇女、豪门闺秀等，甚至有擦皮鞋的小孩和乞丐。这种全民参与募捐的景象，固然与社会各阶层的爱国热情分不开，也与国民政府迁汉后坚持不懈的全民动员密不可分。时任武汉《全民抗战》编辑的胡绳说："当战火从东到西，从南到北，直接间接地影响到全国人民的公私生活，给每一个人以鞭挞与刺激，同时又给以最好的教育。千百万人民在战争的影响下深刻地考虑到自己的生存与前途。"

三是统一有效的组织机构。七七事变后相当长一段时间，武汉乃至整个湖北省没有一个统一的指导征募的机构。当时两大主要征募机构为湖北民众抗敌后援会和汉口市各界抗敌后援会。1937年10月21日，负责抗敌后援自卫事宜的湖北省党政军联席会议设立统一组织，成立了湖北省征募委员会，主管全省征募事宜。省征募委员会成立当日，便通过了征募委员会组织规程及主席委员、常务委员人选。接着，省征募委员会相继制定了《湖北省征募委员会征募实施办法》《湖北省征募委员会征募慰劳品收缴规则》《湖北省征募委员会统一征募办法》等。从此，湖北省的征募活动有了统一指导，有了制度规则，逐渐规范了湖北省包括武汉市的征募活动。

根据《湖北省征募委员会征募实施办法》，湖北省各县抗敌后援会和武汉市各机关、各行业后援团体均处于湖北省征募委员会的管辖下，先前各自分散无序的征募活动被统一起来，有利于统筹安排，合理分工。该《办法》又规定：各经手征募之机关团体，就各该管辖范围内征募之。避免了不同的征募组织向同一单位或个人征募的弊端。

针对有的征募机关私自支配或挪用捐款物，《湖北省征募委员会统一征募办法》规定：各机关团体如有发起募集慰劳或救济款品事项，须商得湖北省征募委员会核准后始得募集之。这些规定逐渐使湖北省包括武汉市的征募活动不断趋于规范。

四是各类力量的收编整合。随着武汉抗日救亡运动的发展，新的社会团体又产生了。至武汉沦陷前，社会团体达七八十个，再加上原有的20个，围绕武汉抗战的救亡团体达百个之多。为动员和团结各种抗日力量，最大限度地发挥这些团体的抗日积极性，整合这些力量显得尤其重要。

爱国青年在武汉三镇街头向民众进行抗日宣传

当时整合方式有两种：一是收编整合。军委会政治部将 4 个抗战宣传队、10 个抗敌演剧队、1 个漫画宣传队及孩子剧团收编。二是外部联合。根据开展活动的需要，将地方及社会团体有机结合起来，明确各自职责，发挥各自作用。

在武汉抗战后期开展的各种征募运动中，外部联合的方式比较常见。1938 年 7 月 7 日，以第三厅为主的武汉各界抗战建国纪念会筹备会举行了抗战一周年纪念大会。筹备会既有军事委员会政治部及第三厅、国民党中央宣传部等机关，也有湖北的省、市政府和党部，还有省市商会、抗敌后援会、银行业公会、纱业公会等社会团体。有效整合地方和社会等方面力量，充分发挥宣传机关动员、组织部门协调和社会团体连接国家与民众的中介功能，使全社会形成了合力，为成功发动七七献金运动奠定了坚实的基础。此后，根据需要，在开展统一的征募运动时，总是先联合各方力量成立一个筹备会，统一部署、规划和推动具体的措施，并由此形成了征募运动联合机制。

五是各具特色的征募运动。从征募运动发起者来看，有以政府部门为核心发起的，如七七献金运动和 30 万封慰劳信运动，也有社会团体发起的，如以大公报社为核心的救护伤兵运动；从征募目的看，救护伤兵运动是为救治前线受伤的官兵，救济黄灾运动专门用于花园口决堤难民，七七献金运动则是慰劳前线作战将士及家属；从征募物品种类看，有为将士和难民募集棉衣的寒衣运动，也有满足前方将士精神层面需要的 30 万封慰劳信运动；从征募规模看，以七七献金运动最具规模，5 天筹款 100 万元；从征募影响力看，这次运动还推动了重庆、长沙、广州等地的献金运动，将以往由民间团体发动和组织的区域性募捐活动，首次变成全国性的民众献金运动。

此后开展的 30 万封慰劳信运动、征募寒衣运动、节约运动也迅速从武汉蔓延至重庆、成都、长沙及甘肃、陕西等地。以武汉为中心的献金运动逐渐推向全国，国民政府将国内民众的捐款献金运动正式纳入抗战财经体制中，使之成为中国抗战资金来源的重要组成部分。

六是国际组织的鼎力资助。武汉抗战引发了世界各国的极大关注和鼎力支持，在各种外援中，以红十字会组织尤为突出。据 1938 年 1 月 10 日《国际日报》载：汉口九日路透社电，苏联新大使奥尔斯基定本月十八日乘飞机赴重庆向林主席呈递国书，偕行者有大使署武官德拉津将军与大使署秘书。按：奥氏乃于十二月二十六日由兰州抵汉，同时苏联红十字会与红新月会寄来汇票，共款三十三万六千八百四十二元一角一分，捐助中国红十字会购买药品，医治战争中之受伤者，该汇票已于昨日由苏联大使署送交中国红十字会矣。

不仅如此，德国红十字会派医生二人、包扎专家二人到汉口前线服务，又赠来医药用品四十卡车。意大利政府和红十字会捐赠大批药品及外科器件，一份送至汉口，一份由内地教会支配，一份送至上海交国际红十字会分配。1938 年 5 月 13 日《百导报》载：荷兰政府捐助五万佛洛林（荷币），以供购买中国防疫医药品之用。中国战区救济会今日宣称：已递寄金鸡纳霜一百万粒赴华，以便分配于汉口区域之战地医院一百二十五所。此外，还有伦敦中国伤兵难民救济委员会、美国红十字会等组织向武汉战区捐赠药品和资金。

局 限

抗战时期于武汉发起的各个征募运动，以实际行动支援了抗战，极大地鼓舞了士气。但这一时期的募捐活动缺乏统一的领导与组织，处于零星、不深入、不持久的状态，呈自发、分散、无序等特点。

具体来说体现在两方面：一方面，民众动员缺失，积极主动、大范围的捐赠少。民众动员是最深入最持久的动员。全面抗战开始后，武汉同其他地方一样组织了抗敌后援会，但抗敌后援会只召开职员会，未召开过群众大会，而在团、队、组中流行的开会方式，最普遍的是座谈会。由于缺乏必要的宣传和动员，加上远离战场，武汉民众普遍缺乏战时观念，很少积极主动捐款捐物。初期转移至武汉的一些伤兵曾感慨地说：“上海诸地的女学生和老太太帮助我们，武汉人士一点表示都没有，试问我们为谁牺牲！”

当时在湖北领导创办军政干部训练班的董必武对此深有体会：“自卢沟桥事变以后，往来武汉的人有一种感觉，就是武汉不像战时状态，只有军队的过境，伤兵的就医，在武汉市面曾鼓起小小的波纹。”

另一方面，统一组织缺失，有效、有序、持续的捐赠少。七七事变后至国民政府来汉前，武汉成立了近 20 个团体，主要开展募捐、慰劳及救济难民活动，但由于缺少统一的指导机构进行组织管理，不同组织之间不能统筹安排，协调分工，征募时出现不同的募捐组织接二连三地对同一单位或个人进行劝募，造成了工作的无序与混乱，也挫伤了民众捐赠的积极性。

启 示

回望历史，以古鉴今。80 年过去了，武汉抗战及武汉三镇的征募运动已成历史烟云，但发生在抗战背景下的武汉征募运动和各类募捐活动，值得认真研究。

抗战初期，以国民政府迁汉为分界点，武汉的征募运动呈现明显的阶段性特点：国民政府迁汉前，各类活动尚处于自发状态，分散、无序、被动，没有形成大规模的运动；全面、深入、持久的全民动员缺失；统一的指导组织机构缺失；及时有效的融合协调缺失。国民政府迁汉后，在各级政府和社会团体的共同参与动员下，募捐由自发走向自觉，无论在宣传动员的深入性、组织机构的功能性，还是募捐活动的有效性方面，都有大幅度地改善与提升，起到了唤起民众爱国情怀、慰劳抗战战士、激励军民意志、鼓舞前方士气的作用。

这场发生在抗战初期的征募活动，虽然时代背景不同、社会环境不同、世界格局不同，但对当下的人道资源动员工作仍有重要的启示作用：把广大民众作为动员最重要的对象、最广泛的群体和最深厚的资源，结合时代特点，采用喜闻乐见的艺术形式，紧抓重大契机，利用名人效应趁热打铁；把筹划活动、搭建平台作为不可或缺的重要舞台，借助学生、知识分子、艺术团体和媒体等各方力量，同时以行业、企业为重要载体组织征募；把完善的统一架构和良好的社会公信力作为推动事业发展的基础，指定统一的主管机构，依托有影响力的社会团体，建队伍、定制度、明职责，规范、有序、有效推进；把采取优化整合手段作为重要的推进机制，资源整合是解决资源匮乏的有效手段，借助宣传部门动员、主管部门协调、群众团体和社会组织担当纽带，分类、收编、联合，确保人道资源的有效动员。

此外，还应注重发挥辐射带动作用，通过外宣争取国际组织和友好国家的鼎力支持，多维度推进人道资源动员工作向前发展。

（本文刊于 2017 年 7 月 11 日《中国红十字报》）

二、工作随笔

打捞生命的希望

我叫胡林，女，1981 年 11 月出生，中共党员，现为中国造血干细胞捐献者资料库湖北分库管理中心（以下简称“骨髓库”）干部。

我曾经是一名军队医务工作者。在广州军区武汉总医院工作时，在肃穆的病房里，我曾多次见到白血病患者因找不到合适的配型而饱受折磨，甚至失去生命。

2008 年，我从部队转业，当时面临着很多选择。但源于对生命的尊重、对人道事业的热爱，我毅然选择到刚成立不久的骨髓库工作。

记得自己第一次送造血干细胞，为了充分做好各项准备工作，天还没亮，我就告别酣睡中的儿子，赶到志愿者身边。经过四个多小时，造血干细胞成功采集，我马上搭乘最近的一班航班飞到患者所在的城市。

对于造血干细胞采集而言，越早送到越好；送晚了会对造血干细胞的质量造成影响。由于航班延误，在机场等了一个多小时。想着那边的病人还在等着，我真是心急如焚。

之前，我就和那边医院联系好了，下了飞机二话没说直接打车赶赴医院。到了医院已经是下午 5 点多了，签好了交接单，造血干细胞也安全交到了对方医生手里。任务终于顺利完成，我才缓了一口气。

晚上，宾馆总台给我打电话说有人想见我。下楼之后，我才知道是患者的家属。家属激动地抓着我的手，眼泪不停地流，不停地说谢谢。

第二天，我跟着家属去探望了患者。每个舱都有人，家属和舱里患者就隔了一层窗户，却是两个不一样的世界。我们那个患者看上去精神还不错，和他说了会话，他就背过身去，我知道他肯定也流泪了。面对重新点燃生命的圣火，我有理由相信，他的明天一定会阳光灿烂。

我的工作也会遇到一些困难。由于很多人对造血干细胞捐献知识匮乏，再加上受传统观念束缚，一些志愿者对捐献后自身的健康担忧，很多时候会出现志愿者本人悔捐或家属阻挠捐献的情况。一边是等待救助的白血病人，一边是不同意捐献的志愿者或其家属，工作中也经常遭到误解，每当这时我都会感到压力巨大。

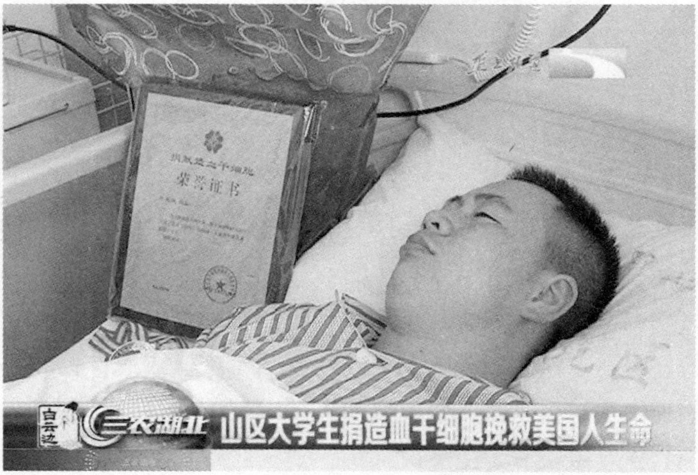

2015 年 7 月 21 日，在武汉市中心医院后湖院区血液科病房，贵州籍武汉大学 24 岁研究生李龙俊捐献的造血干细胞混悬液，于当日搭乘直飞美国的航班，救助一位万里之外的白血病患者。这是涉外造血干细胞捐献首次在武汉地区医院采集，武汉市中心医院由此成为继北京、上海、深圳之后可实施涉外造血干细胞捐献的医疗机构之一，也成为我省首家涉外造血干细胞捐献定点采集医院

2014 年，湖北工业大学的一名学生配型成功并同意捐献，他父亲却给我打来电话，劈头盖脸一通臭骂：“你们是骗子，我绝对不会同意我儿子捐献的，再打过来别怪我不客气。”经反复解释，将信将疑的父亲挂断电话后，又与儿子的大学辅导员取得联系，最终才确定造血干细胞捐献的确是一件救人的好事，这才解开心结。

这位大学生配型成功后，我全程陪同，及时做好与各方的联系、沟通与协调工作。捐献者采集造血干细胞一般需要一周时间，我就一直守在医院陪护，为志愿者买来红枣、牛奶、钙片等营养品，陪他聊天谈心，确保他吃好、住好、休息好，使他能保持良好心情，顺利完成捐献。

之后，这位父亲再次打来电话，充满歉意地对我说：“对不起，之前误会你们了，我把儿子交给你们了，让他去救人。”这一刻，所有的委屈烟消云散，内心只有满满的高兴：又一名白血病患者将获得新生。

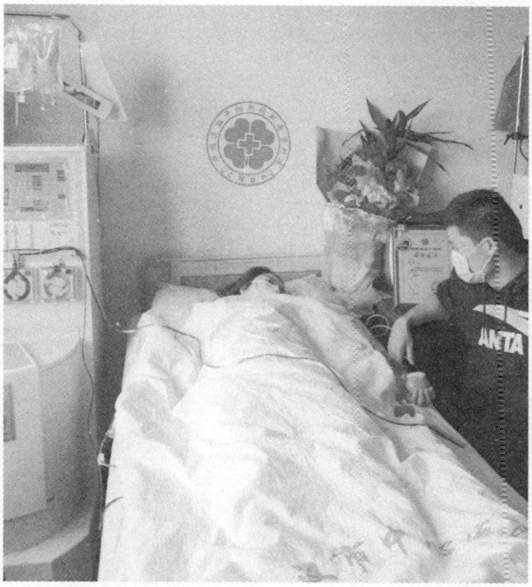

2016 年 4 月 19 日，在湖北省武汉市中心医院血液科细胞采集分离室病房，29 岁的海口解放军第 187 医院麻醉科护士杨慧正式成为湖北骨髓库首例军嫂捐献者、湖北省第 262 例骨髓捐献者。而远在浙江省杭州市的一名 41 岁男性白血病患者将因她的爱心之举而重获新生

“在张文驰的人生天平上，‘救人比高考更重要’。”“人性的高考你得了满分！”2012 年 3 月 26 日，在距离高考 70 多天时，已通过南方航空公司招飞体检的湖北襄阳一中高三学生张文驰，在解放军海军总医院捐献 50 毫升造血干细胞，用善举挽救了福建一名 4 岁白血病患儿。面对他的故事，有网友如是评价。图为南航飞行员和乘务员勉励已考取大学的张文驰（左二）早日驾机飞上蓝天

由于采集造血干细胞经常遇上周末，儿子没人照料，我们母子俩就一起到医院去陪护捐献志愿者。中午到了饭点，随便买个盒饭凑合一下。儿子还小，总是抱怨不能和小伙伴一起玩。但我觉得没有哪一件事能比拯救生命更重要，我相信儿子长大后一定会理解我。将心比心，志愿者这么无私奉献，作为红十字工作者的我们，更要无私奉献。

十万分之一的造血干细胞配型成功概率，赋予我在茫茫人海中打捞生命希望的角色，让我能清楚地划分人世间的大爱和小爱。成为一个“生命种子”的打捞者、传递者，我感到骄傲和光荣。

（本文刊于2017年2月《博爱》杂志，根据胡林口述整理）

“像蜡烛一样照亮别人”

——记湖北省红十字志愿者吴天祥

我始终坚守人生在世，“奉献”二字的人生观，不图名、不图利，一辈子乐于助人，这应该也算是践行“人道、博爱、奉献”的红十字精神吧。

——吴天祥

20世纪80年代，家住武汉市武昌区紫阳路一位姓洪的女士，丈夫走后，她找了一份临时环卫工作。一天她正在扫街，突然昏倒了，疼得直打滚。下班路过的吴天祥目睹这一幕，赶紧扶她起来，一问情况才知道她的坐骨神经痛犯了，他二话没说便送她到医院，垫钱给她看病。洪女士求他别把这事告诉单位，因为如果她因病失业，她的两个孩子都得退学了。

吴天祥说，我不仅不会说，还要帮你。一诺千金。从那以后，他每天下班后帮她扫地5个小时，直到夜深人静。这一扫便是17年。

吴天祥赡养过多位孤寡老人和孤儿，为老人养老送终，以儿子的名义给他们立碑。有同事问他，你是区里的副区长，怎么能当孤老的儿子呢？他说，我当孤老的儿子有什么不可以，当孤老的儿子是一种善德啊。

他是武昌区几家医院的“常客”，有时候一天要跑两三趟，医生很纳闷，问他，你总是扶那么多老人来看病，你家怎么那么多老人呢？他告诉医生，这些都是空巢老人或孤老，家里都很困难，他自己不帮他们，谁帮他们啊。

一位他照顾了近20年的老婆婆，患有严重的高血压和脑梗死。临终前，老人把他叫到床前，神秘地让他把她床下挖开，结果挖出了一个金罐子，罐子里有金手镯、金耳环，还有一根金条。原来这是60年前老人出嫁时母亲传给她的，并叮嘱她传给对她最好的人，老人想把这些东西传给吴天祥。吴天祥说，我是代表党、代表政府关心您，让您感到党和政府的温暖，不能要报酬。

2014年11月13日至14日，全省红十字志愿服务工作总结会暨志愿者骨干培训班在武汉举行。省红十字会、省文明办、省教育厅、团省委相关领导出席，全国道德模范、全国优秀共产党员、全国学雷锋先进个人、红十字志愿者吴天祥（主席台右三）应邀出席并做专场报告

1997年的一天，一位身患癌症的工人给他写了封遗书，称他的两个孩子都在念小学，请他帮忙养大他们。大概担心吴天祥不重视，又托学校老师来找他。老师说这两个孩子的确很优秀，他爸爸这一走肯定要辍学，真是可惜啊。吴天祥当即应允。在他的资助下，兄弟俩读书勤奋，也很争气，后来都考上了理想的大学。

2006年的一天，武汉一对因贩毒被判死刑的夫妻俩，行刑前委托狱警找到吴天祥，话题是他们年幼的孩子。铁窗两边，一边是夫妻俩含泪托付，一边是他坚定的承诺。他把那个小孩当亲生孩子来培养，带他去延安看宝塔山、北京登天安门，接受革命传统教育。学校召开家长会，每次他都参加。一天，老师感到很奇怪，问孩子跟他是什么关系？孩子说，他既是我的爷爷，又是我的父母亲。当晚11点多，得知情况后的吴天祥赶到老师家，说明了孩子的身世，并要求老师保守秘密，说小孩前途要紧，他爹妈的事千万不能传出去，不然小孩怎么做人呢。

在他帮过的孤儿中，有一位大学毕业后在北京的银行上班，有次回

吴天祥带领“吴天祥小组”走进社区服务群众

武汉来看望他，给他送来一大笔钱。吴天祥严词拒绝了。他又买了一架豪华钢琴送到他家。当天下午，吴天祥就请人把钢琴抬回去了。小伙子很执着，第二天又抬回来了。这下他没辙了，只好联系上武汉市孤儿院，把钢琴捐了过去。

这些年我亲身感受到红十字会做了大量好事、实事、善事，就是在奉献，在为他人默默辛勤工作，行善、献爱、积德。红十字志愿者就像小蜡烛一样，点亮自己去照亮别人。

——吴天祥

有人抱怨当下社会冷漠，对此，吴天祥有自己的见解。他说，妄论别人不如管好自己，时刻想着去关心别人，人生在世才有意义。一辈子只为自己着想，活着有什么意义呢？都不想付出，都不献爱心，社会怎么会幸福温暖起来呢？

2012年，来自河南省光山县的一名群众携子来武汉求医，走投无路之际，被好心人领到他家来。父亲让孩子把衣服解开，那孩子“呼呼”跳动的心脏就挂在胸前，非常让人同情。父亲说医生已经下了结论，半年内不进行移植手术就没救了。他家三代单传，就这么一根独苗，他现在手足无措了。

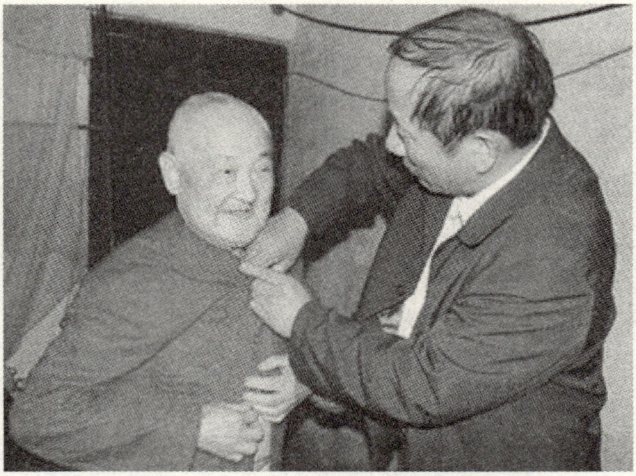

吴天祥帮老人扣扣子，像亲生儿子一样照顾关爱他们

吴天祥带着父子俩到同济医院、协和医院找专家，医生说手术费得100多万元。他一边安慰父子俩，一边带头自己捐款，同时还积极向社会募捐。一位不愿公开姓名和身份的爱心人士，匿名捐来几十万。经多方努力，那个孩子最终成功进行了心脏移植手术。为此，当地的县长亲自来武汉，向他和提供帮助的各方一一赠送锦旗。

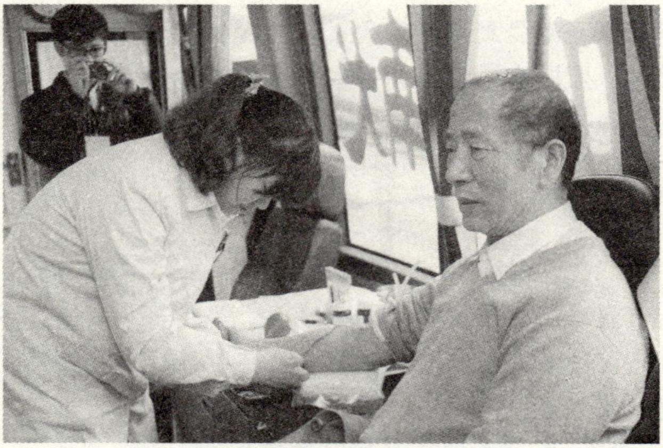

吴天祥参加无偿献血

武汉市黄陂区有一名叫曹福生的群众，前几年大儿子患肝病走了，今年二儿子又被诊断为肝硬化，医院说肝脏移植是唯一的出路。曹福生想把自己的肝脏捐给儿子，但面对天文数字的手术费，只得望洋兴叹。

无奈之下，他来武汉找到吴天祥，吴天祥二话没说，带头捐了两万，目前已募集了十几万，但仍有不小的缺口。吴天祥不言放弃，依然不辞辛劳地在社会上奔走呼吁，继续开展爱心救助行动。

吴天祥在街头对困难群众嘘寒问暖

几十年来，吴天祥先后在公安、信访等岗位工作过，任武昌区副区长后，分管劳动、社会保障、群众团体等社会性工作。不管身边的群众有什么困难和需要找到他，他都尽其全力予以帮助。2008 年，从区政府巡视员岗位退休后不久，他又了解到武汉郊区江夏农村有些困难户因为无法劳作耕种，田地都荒废了。他跟家人商量，决定每月从自己的退休工资里拿出 4000 块，承包田地，帮这些困难户解除后顾之忧。承包的协议一签就是 20 年，老伴见了大哭起来，问他，你还能再活 20 年吗？他说，我肯定活不了 20 年，但服务人民的精神应该代代相传。

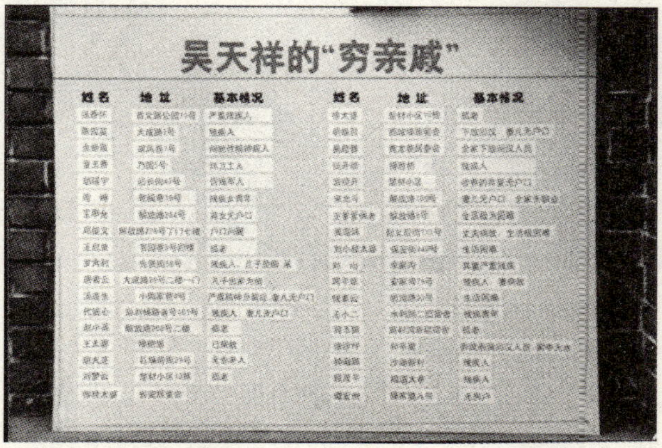

吴天祥的“穷亲戚”名单，上面详细记录着他们的地址和基本情况

他认为，人一辈子最重要的不是大房子、好车子、花不完的钱，而是高尚的道德品质、乐于助人的精神。他说，作为一名国家干部、人民的公仆，就是要为老百姓服务，为人民献爱心，用自己的行动在党和群众之间架起一座“连心桥”。人生在世“奉献”二字可贵，这与红十字精神是一致的。

红十字事业光荣而伟大。我愿意成为一名忠实的红十字志愿者，活着不占群众一分利，死了不占群众一分地。我希望全社会都来弘扬“人道、博爱、奉献”的红十字精神。

——吴天祥

1969 年，吴天祥从部队复员时，部队发给他一笔复员费。当时，母亲瘫痪在床，老家的房子也急需修缮。但他看到洪湖发生了严重水灾，死伤了不少群众时，便毫不犹豫地把那笔复员费全部寄给洪湖县委，资助灾后重建。直到现在，他还保留着当时洪湖县委给他开具的那张捐赠收据。

“如果我抗震救灾死了，不要把我的尸体抬回来，就把我留在当地吧，跟地震中死难的人埋在一起。”汶川地震发生后，64 岁的吴天祥（左三）是战斗在抗震救灾一线年龄最大的志愿者之一。身患高血压、糖尿病，心脏也不好，但他积极捐款、献血。“我很想去灾区，但单位有任务，家人也不让我去。”偷偷赶赴灾区前，他给老伴留下了这样一张纸条

现在，他家里还赡养着一位老婆婆。老人经常大小便失禁，他每天早上做的第一件事，就是帮她倒大小便，叫老伴帮她洗澡。老人无儿无女、无依无靠，本想找一家福利院住进去，但作为“五七工”的她每月退休费少得可怜。总不能让老人无家可归吧？吴天祥跟家人商量后，便把她接到家里来住。他说，你们千万不要薄待她，要拿她当奶奶，对她不好就是对你们奶奶不孝。一有空，他便用轮椅推着老婆婆到户外晒太阳，不知情的街坊邻居还以为这真是他的母亲。

吴天祥认为，红十字事业光荣而伟大。2000 年 3 月 22 日，他在武汉市红十字会郑重地填下《湖北省人体器官捐献登记表》，表示身后将捐献遗体和一切有用的器官，火化后把骨灰撒到山上。

他说，我愿意成为一名忠实的红十字志愿者，活着不占群众一分利，死了不占群众一分地。共产党员也好，共青团员也好，干部也好，红十字志愿者也好，应该当“火炬”，当爱心的“带头人”，让老百姓真心实意地感到幸福和温暖。他真诚地呼吁全社会都来弘扬“人道、博爱、奉献”的红十字精神。

吴天祥在北京接受党和国家领导人的亲切接见

吴天祥曾荣获武汉市劳模、特等劳模、市优秀共产党员，湖北省优秀共产党员、省学雷锋先进个人，全国道德模范、优秀共产党员、学雷锋先进个人，武汉市委、市政府命名他为“一心为民的好干部”。近日，吴天祥还被中央文明办、教育部、民政部、文化部、团中央等部门联合评选为“全国最美志愿者”。30 多年来，吴天祥先后照顾孤寡老人 26 名、孤儿 6 名，向结识的 300 多个“穷亲戚”捐款捐物。在吴天祥精神的鼓舞下，荆楚大地 10 万党员干部自发成立了 1 万多个“吴天祥小组”，常年活跃在农村、街道和社区，从事志愿服务工作。

（本文系作者根据吴天祥 2014 年 10 月在湖北省红十字志愿服务培训班上的发言整理而成，未经本人审阅）

但闻人道絮语声

当现场观众眼含热泪、雷鸣般的掌声响彻天鹅湖礼堂时，当主持人孙汀娟说着“‘人道的絮语——红十字故事汇’到此圆满结束，感谢各位的收看，再见!”时，当怀抱鲜花的故事主讲与导演组、主持人在后台依依话别时，我一个人溜到宁静如水的天鹅湖畔，独享着曲终人散后的静寂。湖鸥翻飞，山峦朦胧，一派苍茫的冬日景象。

“十万分之一的骨髓配型成功概率，赋予我在茫茫人海中打捞生命希望的角色，让我能清楚地划分人世间的大爱和小爱，成为一个‘生命种子’的打捞者、传递者。”中华骨髓库湖北分库的胡林参加红十字故事汇大型公益活动，深情讲述捐献志愿者的感人故事

絮语声声，是一支大爱的主题歌

以红十字故事汇，“绘”出人道轨迹，“汇”报人道成效，“会”成人道絮语，静心聆听心与心的碰撞，这是最初的共识。然而，茫茫人海中，故事千百样，遴选可以登上舞台的合适讲述人，却宛如大海捞针。从激情满怀，到痛楚困惑，直至柳暗花明、绝地逢生，所有心路历程，一个都没少。捐赠者、捐献者、志愿者、受助者、媒体人代表，海量搜集、多方打探、实地调研、现场聆听，不断更新对故事主讲的认识，不断刷新印记，不断丰富细节，甄别、筛选、感悟、求证，抽丝剥茧，撷取精华，取舍之间，一路需要勇气相伴。正因如此，这个过程才显得那么的与众不同。

时任神农架林区红十字会秘书长刘军（中）参加红十字故事汇大型公益活动，现场接受献花

骨髓库工作人员讲述在茫茫人海中为白血病患者打捞、快递“生命种子”的故事，却“习惯性”遗漏某些关键性台词；失智老人年迈的配偶舟车劳顿赶来江城，以声声朴实之语，传递着“千里送鹅毛，礼轻情意重”的谢意，那略显含糊的方言让整个导演组忐忑不安；来自四川的

“地贫”患儿母亲叮嘱孩子，好好记住这一张张善良的笑脸长大报恩，动情讲述间却会突然管控不住自己的情绪；器官受捐者武警战士的妻子讲述“肾”命相随的感人故事，却因琐碎的叙说让导演组不知所措；怀抱全国先进集体殊荣的神农架林区红十字会工作人员，分享红十字人穿梭大山播扬人道的甘苦，却因故事主讲过于严谨的情感而一次次返工；车祸去世的儿子捐献器官挽救3条生命，大爱父亲悲恸叙说着儿子“军魂壮烈”的善举，却在不经意间遗漏感人细节；省红十字会心理救援队参与“东方之星”号客轮翻沉事件救援后一线心理干预，副队长江勇讲述安抚慰藉遇难者家属的幕后故事，却一再“忽略”最核心的数据……

湖北省红十字会心理救援队副队长、国家二级心理咨询师江勇（右）在红十字故事汇现场讲述参与“东方之星”客轮翻沉事件后安抚慰藉遇难者家属的幕后故事

电视台的朋友们私下劝我：这些主讲人，他们可都是生平头一遭，舞台那么大，风险啊。我读懂他们言辞间的善意提醒，只是，开弓没有回头箭！排练，打磨，再排练，再打磨。一次次如临绝境，一次次推倒重来，一次次蜕变重生。每一次，哪怕只有些许的进步与改变、火花般闪现的灵感，也足以令人欢欣鼓舞。在煎熬与惶恐中，却也收获着点滴喜悦与感动。

絮语声声，是一支温情的合唱曲

难忘许多的“特别时刻”。难忘为给讲述人陈大爷、“地贫”患儿小文杰、大爱父亲刘师傅租一套合身西装，跑遍武昌各大街巷那个繁星点点的夜晚；难忘排练的日日夜夜，团队间彼此关照、倾情呵护，在紧张与严谨、欢笑与泪水中结下的那份特殊情谊；难忘孙汀娟老师高超的主持技艺、由来已久的人道情怀，导演刘伟的睿智，副导演赵雪琳的坚韧；难忘湖北电视教育频道和武汉电视台生活科技频道、神农架神耀电商传媒有限公司短片摄制小组的辛劳付出；难忘省楹联协会老师们妙笔生花撰写一副副对联的那份深情；难忘浙江珍琦护理用品有限公司提供的友情帮助和湖北老年大学、华夏心理教育（湖北）基地给予的坚定支持；难忘天鹅湖的静谧、排练时盒饭的菜香和献花孩童那干净明洁、灿若星辰的眸光……

回望整个筹备历程，曾经的犹豫与彷徨、艰辛与曲折，仍历历在目，却又微不足道。一路走来，总有一道特殊的声音，在敲击着我的心海，将我内心的期许愈拉愈高。一路走来，我也同那些讲述人一道成长，一同感动，一起升华，于是倍觉温暖。

絮语声声，是一曲雄浑的交响乐

简洁的舞台，醒目的标识，导语、短片、讲叙、访谈、楹联，一一呈现，丝丝入扣。舒缓的背景音乐、温和的舞台灯光、精致的高清画面、如诉的故事叙说、温馨的现场互动、严密的环节设计，一个个红十字小故事，汇聚成一曲人道大合唱。未曾想到，各部门特邀代表来了，社区代表、医学院学生、部队官兵和各地志愿者代表来了，连专家委员会成员也悉数出席。

人道的絮语，传递着失智老人对温暖的向往，贫寒学子因梦想扇动的翅膀，白血病童对回归校园的渴望，捐髓救人大爱的回响，军魂烈烈撞击胸膛，老父苍苍泪洒捐赠现场，“生命快递”传来的希望，山谷林间红十字无悔地奔忙……那是讲述人用欢笑与泪水书写的博爱故事，用执着与坚守讲述的奉献之章。故事里，有世间的美好，人性的单纯；有

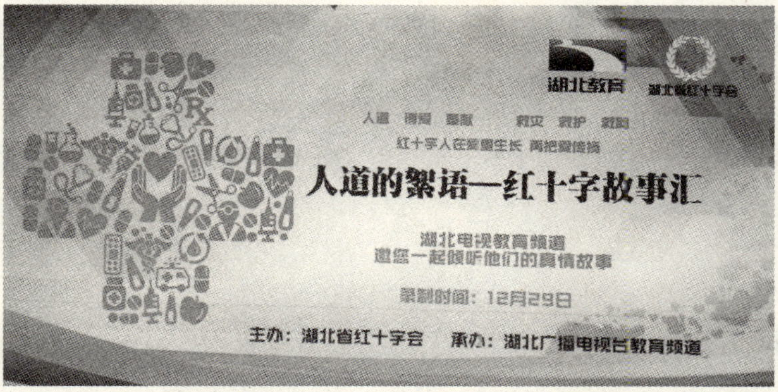

2015 年底，湖北省红十字会联合湖北广播电视台教育频道主办“人道的絮语——红十字故事汇”，讲述人道、博爱、奉献的红十字故事。这是湖北广播电视台教育频道为活动制作的背景图

思想的共鸣，心灵的碰撞；有岁月的感慨，生命的力量。红十字人的情怀、志向、理想，在这故事里都有最圆满的模样。

重霾锁江城，一缕阳光，辉映苍穹。我一个人走在宁静如水的天鹅湖畔，耳畔依旧回荡着那道特殊的声音。絮语声声，婉转、悦耳、悠远、绵长。很幸运成为它的第一位聆听人，絮语声声里，有人民群众的口碑，有人间大爱的回唱。最重要的是，故事里的人们始终坚守着一种情怀，在情怀最深处，盛放着一个坚如磐石的东西，那东西叫人道信仰。

一片人道芳草地

办公室的案头，《博爱》每月会准时摆在那儿。作为一名红十字工作者，闲时我总喜欢翻阅一下，一翻往往就放不下来了。尤其是今年开设的《红十字情缘》这个栏目，深深地吸引着我。

湖北省红十字会基金会开展“小水滴”亲子公益行动，从先心病儿童的饮食、用药及日常恢复等方面着手，定制设计了“爱的启程、爱的雏形、爱的脚步、爱的花束、爱的呼唤、爱的战斗、爱的汇集”7 个游戏环节。图为小朋友们荣获省红十字基金会授予的“爱心小天使”证书

栏目里，有如《爱让生命延续》这样的大爱故事，有如《我在红会这五年》的岁月回顾，有如《我做人体器官捐献协调员》的工作日志，有讲叙、有抒怀、有言论，故事普通，回顾平实，日志真实，文笔朴实，情感朴素。它们如春风细雨，娓娓道来，叩击着我的心灵。它呈现着与人道、博爱、奉献的红十字精神结缘的瞬间，记载下红十字人的担当品质和博爱情怀，可谓写尽红十字人的苦乐年华，宛如一道道爱的音

符，一个博爱的实践场，一块人道芳草地，一首人道诗篇，见证着与爱同行的风雨兼程。这绝不仅仅是红十字人的后花园，它一出现便如一道靓丽的人道风景线，在大自然争奇斗艳，传递爱的力量。

在由湖北省红十字会主办的湖北首届大学生人道公益创意大赛总结表彰会暨纪录片首映式现场，人道公益创意大赛资助项目点、黄冈市蕲春县大同镇汤坝村小学师生代表应邀出席，共同观看了公益纪录片

台湾著名作家林清玄说："回到最单纯的初心，让世界的吵闹去喧嚣它自己的吧。"当下，在这个"精致的利己主义"和"冷漠的自我主义"很少有人拒绝的年代，在这个快速发展、选择多元、日益浮躁的时代，如何叩问初心，让脚步与灵魂同行？值得每个人沉思。

我将《博爱》推荐给家人，他们爱不释手；推荐给媒体朋友，他们不仅阅读，还积极写稿投稿；推荐给孩子，他竟然写进自己的日记和作文。叩问人道初心，探求人道初心，践行人道初心，红十字人从未缺席。

（本文刊于2016年10月《博爱》杂志）

以人道之光驱散阴霾

150 多年前，《索尔弗利诺回忆录》问世；次年，“伤兵救护国际委员会”成立，红十字运动由此发端。今天，红十字运动得到世界各国政府、组织和人民的普遍认同，成为一束驱散身处困境中的人们心中阴霾的人道之光。

2015 年年末，省红十字会副巡视员邓红（右一）赴国家级贫困县孝感市孝昌县开展“红十字博爱送万家”活动，在小悟乡胡庙村慰问低保户、五保户贫困家庭

每一个人的生命都是宝贵的，每一个人的尊严都应得到维护。由于自然灾害和冲突明显增多，全球正经历自二战以来最严重的人道主义危机。“应该秉承中立、公正、独立的基本原则，避免人道主义问题政治化，坚持人道主义援助非军事化。”这是人道主义的“中国主张”“中国声音”，也是大国信心和道义担当的表现。

2015年7月21日，武汉大学历史学院90后博士李龙俊在武汉市中心医院后湖院区捐献造血干细胞。“生命种子”当日下午搭乘航班从武汉直飞旧金山，挽救一名患白血病的美国华裔男青年生命。图为造血干细胞交接仪式现场

中国传统文化中有着丰沛的人道主义思想资源。“安得万里裘，盖裹周四垠。稳暖皆如我，天下无穷人。”一千多年前，诗人白居易以诗抒发对穷苦人民的同情。人道是雪中送炭，是人间至善。当一个人生命垂危时，陌生人的血液可能让他转危为安，陌生人的造血干细胞可能让他重燃希望，陌生人的器官可能让他绝地逢生。

面对自然灾害，人道的力量让我们万众一心、风雨同舟，地震灾区、洪涝灾区、贫困山区……哪里有危难，哪里就有红十字。“人道、博爱、奉献”以其“洪荒之力”唤醒人们心灵深处关爱生命、同情弱者、守望相助的善念火苗。

人类文明具有丰富性和多样性，不同历史与国情、不同民族与习俗孕育出不同的文明，而人道主义以其人道、独立、中立、公正等特质，成为全人类的普遍共识。一面红十字旗帜，跨越疆域和时空、超越宗教和信仰，成为人道主义活动的引领。

人之向善，如花之向阳。在黑暗之夜擎一盏明灯，从悬崖峭壁辟一条希望之径。人道主义牵系着民生梦，始终关注“衣食住行、医教保业”，服务困难群众、弱势群体；牵系着幸福梦，增进百姓福祉，提升幸福指数；牵系着生计梦，生活的根基从无到有，从小到大，从弱到强；牵系着生命健康梦，普及急救知识，“人人学急救，急救为人人”。

穿针引线、搭建平台，涓涓细流、点滴善举，聚沙成塔、汇爱成海。当人道光芒普照大地，社会和谐，百姓安康，这是“杜南之问”结出的百年善果。

浩瀚星辰，历史长河，人道主义历久弥新。世界各国唯有携手应对人道主义危机，才能让和平的薪火代代相传，发展的动力源源不断，文明的光芒熠熠生辉，才能以人道主义光芒驱散身处困境中的人们心中的阴霾。

（本文刊于2017年1月24日《中国红十字报》）

三、新闻通讯

红十字闪耀荆楚百年

我省首例人体综合捐献者，年仅35岁的麻城农家女魏霞；执行公务时突发疾病，死后捐献心、肾、肝脏拯救5个陌生生命的武汉最美押钞员陈刚；推迟婚礼捐髓救人的恩施土家族姑娘向雪敏；全国年龄最小的捐髓者、襄阳最美高中生张文驰……

这一个个响彻荆楚、传遍华夏的名字，就像一颗颗闪耀的恒星，绽放在荆楚大地的道德星空上，你可知在他们的背后都有一个共同的名字——湖北红十字志愿者。

今年是中国红十字会成立110周年。湖北最早的红十字组织——汉口红会成立于1916年，至今也有近百年历史。百年沧桑，红十字始终闪耀荆楚大地，拯救生命、扶危济困、弘扬爱心，播撒大爱的种子，如今这种子已历经播种、发芽，成长为一棵参天大树，将爱心撒遍荆楚大地。

8月下旬以来，笔者踏访着红十字爱心的足迹，走过我省骨髓捐献、器官捐献、博爱家园、应急救护等红十字闪耀的地方，深入感受红十字在荆楚大地的爱心温暖和力量。

骨髓捐献　聚起来一团火

经过配型、体检，这个月底，20岁的湖北师范学院学生肖波将会赴北京，为一名素不相识的加拿大白血病患者捐献骨髓。他将是湖北第七例跨国捐髓志愿者，也是第198例捐髓志愿者。

这198人中，每一个都是生活在我们身边的普通人，但他们都有一颗不平凡的爱心，有一段非凡的举动。

中华骨髓库湖北分库首例跨国捐髓志愿者张宝在2008年遭遇车祸后，仍继续为韩国患者捐献骨髓。他说：“人生祸福难料，人家现在大难临头了，帮点忙真不算什么。”

今年7月4日，张宝的事迹获得了习近平主席的高度赞扬，称“这是中韩两国人民友谊的真实写照”。省红十字会专门召开张宝先进事迹座谈会，号召大家学习他这种乐于奉献的志愿者精神。

张宝等捐髓群星，代表了6.7万名湖北志愿者。他们品德高尚，事迹感人，闪耀华夏。

造血干细胞捐献工作是红十字会的一项重要职能。省红十字会党组书记、常务副会长贺方红自豪地说：“我省已有6.7万名捐髓志愿者，今年成功捐髓的志愿者有望突破200人大关。捐髓事业迅猛发展，也体现了我省在加强精神文明建设、构筑精神高地时所取得的丰硕成果。”

器官捐献　铸就生命丰碑

人体器官捐献是拯救许多肝病、肾病等重症疾病患者生命的唯一途径。在荆楚大地，有这样一群平凡而伟大的人，他们用自己的身体延续了他人的生命，谱写了一曲曲生命赞歌。

从2010年我省首例人体器官捐献者魏霞，到今年4月2日逝后捐肾救母的7岁脑癌患儿陈孝天，短短4年时间里，全省申请捐献遗体和器官的志愿者已近7500人，有900余人成功捐献遗体，232人成功捐献器官。

2013年3月26日，“中国器官移植奠基人之一”的同济医院夏穗生教授填写逝后器官捐献志愿书

他们的生命虽已逝去，但他们的奉献精神却像一道道永不消失的霞光闪耀荆楚。在他们的感召下，递交遗体器官捐献申请的志愿者越来越多。

2013年3月26日，中国器官移植奠基人夏穗生教授等320名同济医院医护人员，自发登记成为遗体器官捐献志愿者。这是我省开展遗体和器官捐献工作以来，规模最大的一次志愿者登记。

省人大常委会已将人体器官捐献立法列入今年的立法项目计划，目前，《湖北省人体器官捐献条例》已经省人大常委会二审，可望9月份通过。贺方红说，它从法律上解决人体器官捐献的合法性、倡导性、规范性和可操作性的问题，可以促进我省器官移植工作的健康发展，满足医疗救助的巨大需求，使我省人体器官捐献工作步入有法可依的法制化轨道。

博爱家园　送博爱进万家

宜昌市夷陵区雾渡河镇三隅口村，142户老旧房屋重新粉刷加固。村里，红十字博爱卫生站、红十字博爱家园避险广场、应急救护培训室一应俱全。村支书张沛勇言语自豪地说："往年风灾一来，半夜听着心惊肉跳，瞪着眼到天亮。现在一组一个救护员，一家一个救护明白人，

神农架林区八角庙村红十字会博爱家园喷灌工程投入使用，解决了当地600亩农田的生产用水难题

娃们终于能睡个安稳觉了。红十字会，做了大好事。”“博爱家园”项目是红十字会参与社会管理、适应时代要求的重要实践。贺方红介绍，近两年，省红十字会立足最易受损群体的需要，争取总会、香港红会和省财政资金，累计投入560万元，先后在武汉、宜昌等12个市县实施了15个博爱家园项目，受益人口近8万。

在贫困山区，“博爱家园”项目通过新建安全饮水设施，解决了当地几辈人靠天吃水的困难；通过新建、改建标准的村卫生室，改善了群众看病远、设备旧的状况；通过硬化村组公路，解决了“下雨一身泥，天晴一身灰”的境况；通过房屋改造，改变了以往“外面下大雨、里面下小雨”，“一刮风就胆战心惊”的情况；在城市社区，“爱心餐吧”让社区老人更方便地享受一日三餐；通过免费提供自行车借用、血压测量、小孩看管等社区服务，使社区关爱活动室成了社区群众最常去的地方。

神农架林区八角庙村红十字博爱家园紧急避险广场投入使用，提高了当地村民的防灾避险能力

救护救助　惠及百姓

“做心肺复苏首先要双手掌根重叠，十指相扣，掌心翘起”，“紧急时刻一定要控制流血”……武汉硚口区六角亭街社区学堂“我陪父母学急救”培训现场，老师正向台下的居民做示范，居民们也纷纷效仿老师的动作。

在武昌区东亭社区，活跃着一支拥有500多名红十字志愿者的应急救护服务队，他们凭借着专业的急救技能和对公益事业的热爱，为社区80%以上的居民开展应急救护培训，并救助居民5200人次。

今年，省红十字会将在全省40个社区统一开展急救培训、困难家庭帮扶等活动，宣传普及急救知识与技能，加强红十字会基层组织及志愿队伍建设，推进人道救助工作。“感谢党和政府、感谢红十字会的关心！”在黄冈市黄州区二机社区，舒益鸣的母亲和妻子长期卧病在床，省红十字会的失智老人救助项目犹如雪中送炭，让他非常感动，他如是说。

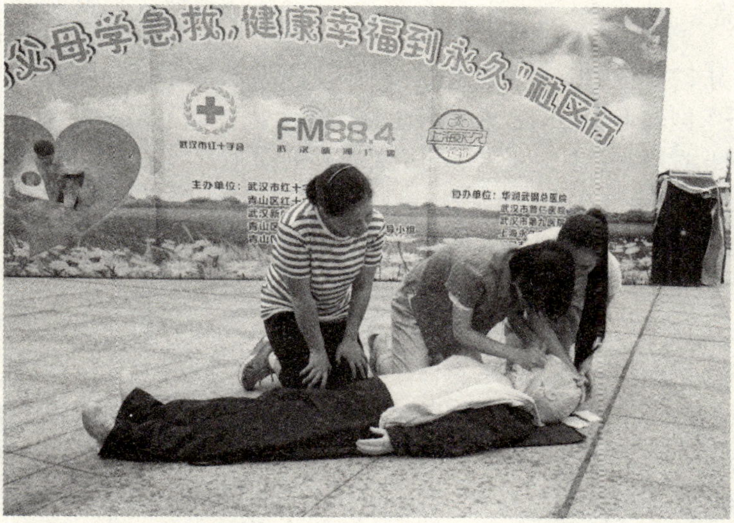

2016年9月9日是第七个世界急救日。当日，武汉市红十字会、青山区红十字会联合武汉新闻广播在青山江滩三弓路广场，举办“我陪父母学急救　健康幸福到永久”社区行大型宣传活动

据统计，黄冈市有急需人道关怀、救助的重度失智老人4000人。为了关怀这些失智老人，省红十字会启动了重度失智老人救助项目。2013年，项目在武汉市试点，今年扩大到黄冈、荆门等地，为社区重度失智困难老人提供护理用品配送服务，举办老年介护培训班，招募项目志愿者，为服务对象提供与本项目相关的无偿服务。

贺方红认为，急救知识进社区，为百姓提供了生命保障，关怀重度失智老人，提高了老年人最后的生命尊严和生存质量，红十字会作为人道组织，责无旁贷。

（本文刊于2014年9月5日《湖北日报》）

以更大力度支持推动红十字事业发展

——湖北省委常委会听取省红十字会关于“十大”精神及湖北省贯彻意见的汇报

5月22日上午，湖北省委常委会听取了省红十字会常务副会长贺方红关于中国红十字会第十次全国会员代表大会（以下简称“十大”）精神及湖北省贯彻意见的汇报，研究部署全省贯彻落实的意见措施。

会议指出，红十字会是党和政府在人道领域联系群众的桥梁和纽带。红十字精神是人类文明的重要体现，红十字旗帜圣洁、高尚；红十字工作者光荣、伟大；红十字工作使命光荣、责任重大。

会议就全省贯彻落实“十大”精神，进一步做好当前红十字会工作提出五点措施：一是习近平总书记接见“十大”代表时的重要讲话，结合党和国家的中心任务，对中国红十字会工作提出了殷切期望，指明了前进方向。全省各级党委、政府要认真学习习总书记重要讲话精神，更加积极主动，以更大的力度支持推动红十字事业发展。二是要增强红十字工作的主动性，加大工作力度，扩大服务面，担负好红十字会神圣的精神使命，广泛播撒人间大爱。三是要结合培育和践行社会主义核心价值观，结合传承中华民族孝慈仁爱传统，在全社会弘扬“人道、博爱、奉献”的红十字精神，凝聚正能量、引领新风尚。四是全省各级红十字会要加强自身建设，坚持深化改革、依法治会，实现高效透明规范运作，增强社会公信力和感召力。五是要以贫困地区和困难弱势群体为重点开展人道救助，补足民生短板，为促进全省社会和谐稳定做出更大贡献。

会议对近年来湖北省红十字会工作所取得的成效，以及为湖北经济社会发展所做出的积极贡献给予充分肯定。会议强调，全省各级红十字会和广大红十字工作者要发扬成绩，继续做好工作，不断提升全省红十字工作的成效和水平，为“建成支点、走在前列”和“五个湖北”建设做出新的更大贡献。

5 月 9 日，湖北省红十字会分别向省委省政府主要领导呈报了“十大”会议精神专报。

5 月 13 日，省红十字会召开机关干部职工大会，省红十字会常务副会长贺方红集中传达了“十大”会议精神。

5 月 22 日，省红十字会向 17 个州、直管市、神农架林区红十字会及 4 个直属事业单位下发通知，就全省红十字会系统学习贯彻“十大”会议精神提出了具体要求。

当前，全省红十字会系统认真学习、深入贯彻“十大”会议精神正掀起热潮，助推着全省红十字事业向前发展。

（本文刊于 2015 年 5 月 26 日《中国红十字报》）

荆楚大地上的热心人

——湖北省红十字会志愿服务工作纪实

近年来，荆楚大地上活跃着一群可亲可敬的红十字志愿者，在贫困乡村，在事故现场，在留守儿童身边，在空巢老人家中，经常能看到他们的身影。

湖北省红十字会党组书记宋悦明表示：“红十字志愿服务活动是社会治理的和谐因子，也是‘建成支点、走在前列’和‘五个湖北’建设中的一支积极力量，红十字志愿服务的故事感人肺腑。”

精准扶贫暖民心

11月26日，湖北省红十字会工作人员赴咸宁市通山县大畈镇大坑村开展志愿服务进乡村活动。

山村寒气凛冽，湖北省红十字会专职副会长张钦，省纪委党风室纪检监察员、通山县委常委刘时俊一行走村入户，看望慰问了全村最贫困的3户老人，为他们送去棉被、大米等生活物资。

活动中，红十字应急救护师资为该村小学生进行应急救护知识和技能培训，通山县红十字志愿服务队和武汉市武铁社区红十字志愿者为村民免费义诊，并为他们发放了家庭常备药品。

大坑村是湖北省红十字会联系多年的帮扶点，今年又被确定为精准扶贫点。该村425户1957人中，有109户是贫困户，共419人。近年来，省红十字会先后投入15万元帮助该村修建了饮用水净化池，开展自来水管道改造、地下排水管道改造等基础设施建设。饮用水、地下排水等改造工程惠及村民1200余人，救护培训惠及村民1000余人。

张钦表示，根据省红十字会精准扶贫工作安排，下一步将投入30万元在该村实施“博爱家园”项目，帮助贫困户进行危房改造；投入10万元挖鱼塘，增加村集体收入。

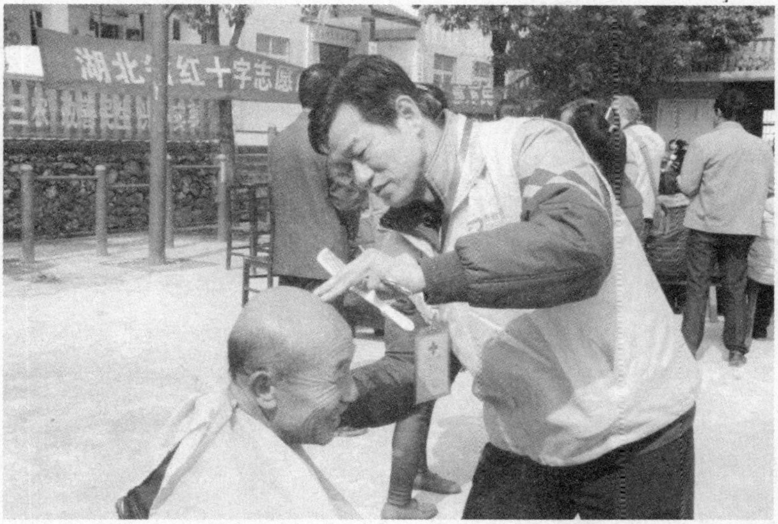

2014 年 3 月 5 日，红十字志愿者在咸宁市通山县大畈镇高坑村开展志愿服务进乡村活动

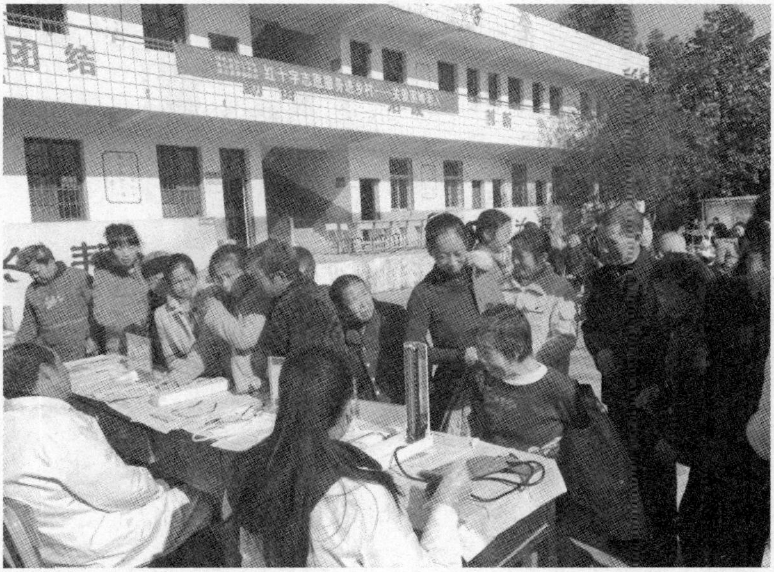

2015 年 11 月 26 日，湖北省红十字志愿者在咸宁市通山县大畈镇大坑村开展志愿服务进乡村活动

倾情关爱“老和小”

近年来，中国红十字（湖北）供水救援队、省红十字会心理救援队、省人体器官捐献志愿服务队、省红十字会造血干细胞志愿服务大队和武汉市红十字“乐助”志愿服务队等多支专业队伍，广泛开展服务“一老一少”等志愿服务活动。

2015 年 5 月，省红十字会争取中国红十字会总会事业发展中心 380 万元物资，资助全省 19 家养老机构，并在每家养老机构建立红十字志愿服务基地。目前，全省各市、州已在社区、医院、血站、养老机构等机构建立了 40 余个红十字志愿服务基地，为志愿者提供了各种类型的服务岗位。

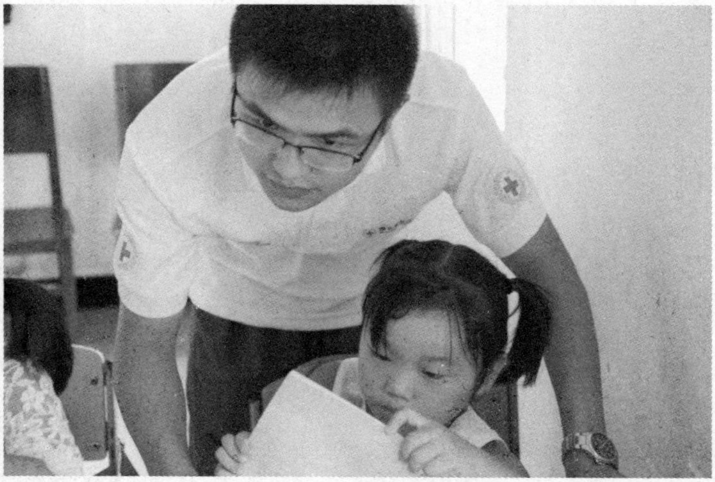

在湖北省黄冈市蕲春县大同镇汤坝村，红十字志愿者陪伴留守儿童阅读做游戏

7 月底，省红十字会在全省范围内启动以“爱相守 · 关爱农村留守儿童”为主题的志愿服务活动。黄石、黄冈、荆州、恩施、鄂州等地红十字会共投入 20 余万元，关爱农村留守儿童 2000 人。

活动中，红十字志愿者来到留守儿童身边，开展救护培训、义诊、心理辅导、让孩子和父母视频通话、科技创新、爱国教育、担任“代理家长”、城乡儿童“牵手”、捐赠学习用品等一系列关爱活动，陪伴孩子们度过了一个快乐暑期，受到留守儿童家长及当地政府的好评。

湖北省红十字基金会联手武汉市仟吉食品有限公司在贫困山村开展关爱农村留守儿童活动

“我和妻子长年在外打工，没有时间陪孩子，感谢你们组织的活动，孩子这两天非常开心，也懂事了很多。”专程从山东赶回来陪女儿参加活动的恩施市芭蕉侗族乡朱砂溪村村民何光新向红十字志愿者们表示感谢。

中秋前夕，省红十字会志愿者走进武汉市武昌区武铁社区，看望慰问20户困难孤寡老人，送物资、办晚会、建基地、参观武汉园博园，受到社区民众的欢迎。空巢老人王之华不住地说：“感谢政府，感谢红十字会。”

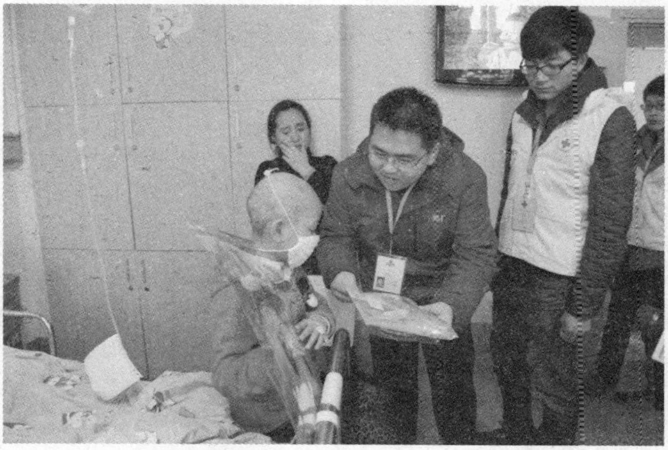

武汉市红十字“乐助”志愿服务队到医院探望病童，并为他们送去文具

武汉市红十字“乐助”志愿服务队以帮扶弱势群体为目标，今年已在7所养老院和1所残障儿童康复中心建立志愿服务基地，已累计服务2万余人次。

危难之际显“身手”

2015年6月1日，“东方之星”号客轮翻沉事件发生后，省红十字会心理救援队15名队员会同22名精神卫生专家共同组成心理救援队，在湖北省医疗救治指挥部指挥下，赴沉船事发地湖北监利，对遇难者家属和伤者开展心理干预。

救援期间，心理救援队共慰问遇难者家属1663人次，开展心理干预317人次，重点干预80人次，无一例“心病”复发记录。一名遇难者家属含泪对心理救援队副队长江勇说：“你们来一次，我们就好一次。有你们，就有安全感。”

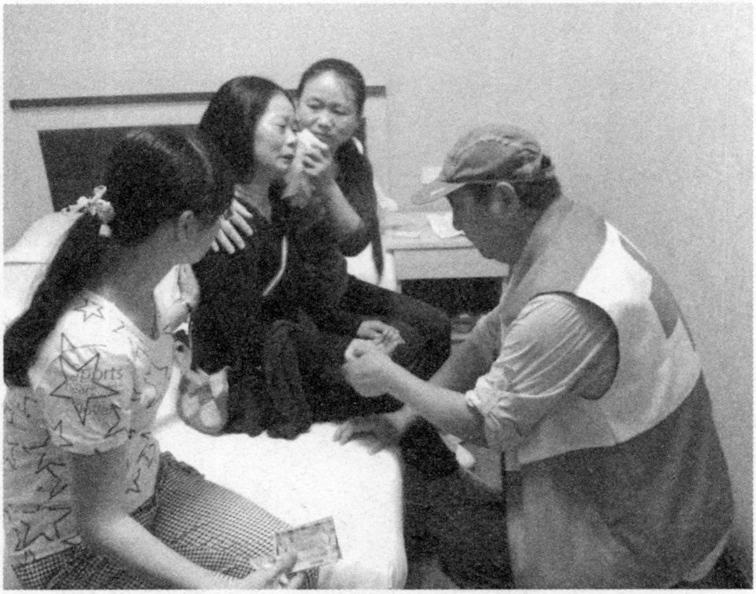

2015年6月1日，“东方之星”号客轮翻沉事件发生后，湖北省红十字会心理救援队紧急赶赴事发地湖北省监利县参加救援，对遇难者家属进行心理干预。经过帮助的遇难者家属含泪说：“有你们，就有安全感。”

截至2015年11月底，中国造血干细胞捐献者资料库湖北省分库已招募8.1万名志愿者，实现245例捐献。

近年来，省红十字会造血干细胞志愿服务大队积极向公众宣传造血干细胞捐献相关知识，消除大众对捐献的误解，鼓励更多人加入中国造血干细胞捐献者资料库。

2015年6月8日，湖北省红十字人体器官捐献志愿服务队成立。9月26日，由20名器官移植接受者组成的志愿宣传队兵分五路开展宣传活动，向小区居民发放宣传品，解答居民关于人体器官捐献的问题。

参加湖北省“青春善行”——红十字青少年夏令营的志愿者到敬老院开展志愿服务活动，听抗战老兵讲述烽火连天的故事

今年以来，广大志愿者共向群众发放宣传材料9万余份，其中人体器官捐献宣传品1.5万余份。

宋悦明指出，只有动员包括广大红十字志愿者在内的众多社会力量参与共建人道事业，才能真正实现红十字“救”在身边，真正发挥好党和政府人道领域的助手作用以及联系群众的桥梁和纽带作用。

（本文刊于2015年12月4日《中国红十字报》）

平凡百姓书写博爱荆楚

——湖北省红十字会缅怀全省人体器官捐献者活动侧记

2015 年 12 月 18 日上午，湖北省红十字会举行人体器官捐献者缅怀纪念活动，10 名接受器官移植者代表、捐献者家属代表和红十字会工作人员在“武汉市遗体捐献者纪念碑”前深深鞠躬，并为捐献者献上鲜花。

全省人体器官捐献者家属代表、志愿者代表、协调员及器官移植医院代表等百余人，齐聚“武汉市遗体捐献者纪念碑”前参加缅怀纪念活动

“为表达对捐献者的尊重，我们鼓励有条件的市（州）建缅怀纪念广场，也会申请设定遗体器官捐献者纪念日，让全社会共同纪念大义的捐献者，并逐步开启网络纪念等缅怀活动。”省红十字会专职副会长张钦说，将推动全省所有二级以上医疗机构设置专属区，宣传人体器官捐

献工作，普及相关知识，并在城市的社区卫生服务站、乡村的村卫生室设置专题宣传栏，在全社会广泛宣传器官捐献知识。

参加人体器官捐献者缅怀纪念活动的代表在签名墙上写下自己的名字。近年来，每年清明前夕，湖北省红十字会都会举办各种形式的人体器官捐献者缅怀纪念活动

我的两个儿子还活在世上

12 月 18 日，武汉市江夏区市民蔡丽萍来到活动现场，将带来的零食和水果轻轻放在遗体捐献者纪念碑前，“儿子，妈妈好想你们……”话音未落，已泣不成声。碑上刻着双胞胎儿子李南森和李南彬的名字，贴着两个浓眉大眼孩子微笑的照片。

蔡丽萍回忆，17 年前，她生下一对双胞胎，不料两个儿子都患有进行性肌营养不良症。今年 7 月，因为一次严重的肺部感染，两个儿子相继离世。蔡丽萍和丈夫毅然决定，把儿子的器官捐出来，挽救更多的人。

在现场，看到健康的受捐者，蔡丽萍感到，两个儿子还活在世上。她希望更多人加入器官捐献队伍，把这份爱传递下去。

七旬老人和儿子的约定

"本来，器官捐献要从我做起，结果儿子先走了。"去年9月，七旬的程老伯经受了丧子之痛。

当时，43岁的儿子程涛（化名）突发脑出血抢救无效，程老动员家人，捐出儿子的器官："人死了，身体留着有什么用？还不如捐出去救别人。"

程老性情豁达，和儿子既是父子，又是朋友。很早，他就跟儿子谈论过生死。他告诉儿子，如果自己去世，就把器官捐献出来。"我替儿子做的这个决定，也是他的心愿。"

儿子曾是家里的顶梁柱，如今儿子不在了，一家人的生活来源主要靠程老和老伴的退休金。

程老表示，自己以后也会兑现承诺，捐献器官救人。

老师想到善举就会去做

12月17日，是武汉市十一中退休教师李传珍老人86岁生日，她的名字已镌刻在纪念碑上。12月6日，李传珍离世，捐出了遗体和角膜。

活动现场，陪同老人的家人来到纪念碑前的，还有李传珍老师的30多名学生。

59岁的朱苏宜女士说："老师捐出遗体和角膜，我们一点都不意外，因为能帮助别人的事情，老师只要想到，肯定会去做。"

捐献者教我懂得感恩

"下月28日，就是我6岁生日了。"51岁的邢登清笑着说，"我们接受过移植手术的人都是获得新生的人，生日就从移植那天算起。对我们而言，每一天都弥足珍贵。"

2009年，邢登清的妻子患上肺癌，他查出肝硬化晚期，儿子正面临高考，邢登清感觉"天都要塌下来了"。幸运的是，他等到了移植肝源，

石碑上每一个名字，都彰显着大爱、大善、大义，倡导着“关爱生命、注重健康”的幸福理念，弘扬着“人道、博爱、奉献”的红十字精神

在单位和亲朋好友的帮助下，于2010年1月28日接受了肝移植手术。

如今，身材瘦削的邢登清气色不错，作为受捐者代表在缅怀活动上发言。

邢登清用手按着自己的肝部说：“我一直都觉得自己身体里住着一个人。虽然我不知道救我的人姓甚名谁，但他（她）教会我感恩。”

邢登清说，自己三年来常和其他志愿者一起到浠水、罗田、江夏等地关爱留守儿童。他和在武汉大学读研的儿子早已商量好，也要成为器官捐献志愿者。

截至目前，湖北省已有1581人捐献遗体，653人捐献器官，2900多人的生命得以延续。

张钦介绍，2014年12月1日，《湖北省人体器官捐献条例》正式施行，明确规定通过追思来缅怀、纪念捐献者，提高全社会对器官捐献救死扶伤、保护生命重要意义的认识，鼓励公民加入器官捐献志愿者队伍。

（本文刊于2015年12月22日《中国红十字报》）

人道“好声音”唱响荆楚大地

——湖北省红十字事业“十二五”回眸

“十二五”时期，我省红十字事业快速发展。全省各级红十字会依法履职、开拓创新，围绕经济社会发展大局，主动参与社会建设，在开展人道救助、反映民生诉求、化解社会矛盾等方面发挥了特殊的、显著的、不可替代的作用，为全省经济社会发展做出了积极贡献。

中国红十字会湖北备灾救灾中心的干部职工正紧急调运救灾物资，支持四川雅安抗震救灾

截至目前，已基本建成具有红十字特色的灾害应急救援体系，专业化、科学化救援水平进一步提升；不断完善红十字人道救助体系，救助实力进一步增强；不断健全红十字生命救护体系，服务民生的能力不断加强；基本形成红十字志愿服务体系，志愿服务能力进一步提高；基本形成红十字大宣传格局，红十字知晓率、影响力、公信力进一步提高；基本健全各级红十字组织体系，事业发展基础进一步夯实；对外交流不断扩大，合作共赢促发展作用进一步增强。

——形成“三个一”支撑平台。省委、省政府出台《关于加强新时期全省红十字会工作的意见》，全国率先；红十字会工作首次纳入省政府工作报告和省“十二五”发展规划，省红十字会与省发改委联合编制了《省红十字事业2011—2015年发展规划》；《湖北省人体器官捐献条例》颁布施行。形成了“一个文件、一项规划、一部条例”推动红十字事业发展的政策法规保障和支撑平台。

——建成“一主八辅”备灾仓储网络。以中国红十字会湖北备灾救灾中心为主，以武汉、十堰、宜昌、荆州、咸宁、黄冈、潜江、神农架8个备灾仓库为辅，沿长江、汉水流域构建了“一主八辅”备灾救灾网络体系。省红会先后参与雅安、鲁甸和西藏地震等重大灾害应急救援工作和省内灾情救援；引进香港红十字会援建的“水灾重建、社区为本”项目23个；依托社会力量组建4支省级红十字救援队，指导各市州建立1支以上红十字救援队，其中中国红十字（湖北）供水救援队先后出征通城水灾、雅安地震救灾，并获得好评。

大型应急救护演练暨湖北省景区红十字救护站援建启动仪式在十堰市武当山景区举行

——形成“四位一体”救助体系。坚持常态救助、重点援助、特色帮助，连续16年在元旦、春节期间开展“红十字博爱送万家”活动。开展“魔豆”爱心工程，争取238.5万元资助159名贫困母亲创业就业。开展“爱心助学”活动，4年发放204万元资助408名贫困大学生。做好景区红十字救护站、博爱卫生院（站）、博爱家园——“社区为本”减灾项目34个，总价值1267.11万元。依托财政资金300万元实施“失智老人关爱项目”，3年来提供上门服务1.3万次，受到失智老人群体及家人的欢迎。争取中央专项彩票公益金380万元款物支持全省19家养老

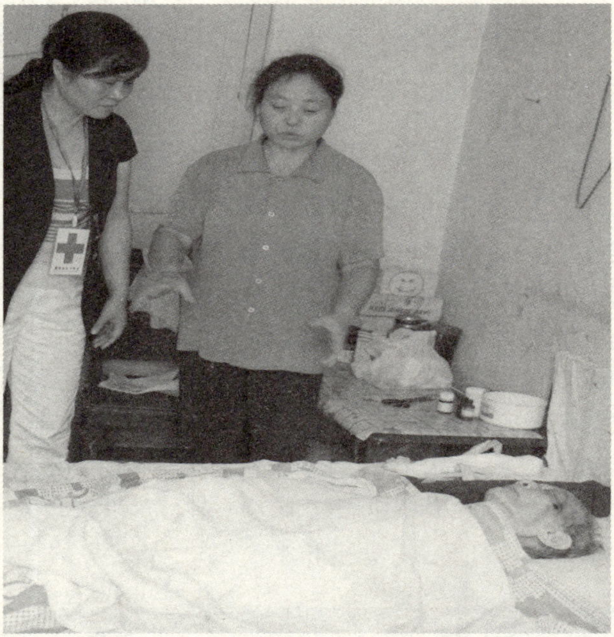

黄冈市红十字会工作人员探望重度困难失智老人

机构。争取中国红十字基金会“天使计划”1620 万元救助我省 428 名白血病、先心病贫困患儿。开展“首届大学生人道公益创意大赛”，资助大学生群体开展人道公益项目，取得社会效益、救助效果“双丰收”。

2010 年 11 月 17 日，麻城市农家女魏霞在武汉成功实施人体器官综合捐献，实现了湖北省非活体非亲缘性人体器官综合捐献零的突破。红十字会工作人员赶赴麻城市魏霞墓前进行缅怀

——打造“救在身边”应急救护品牌。探索形成总—分站培训模式，开展普及性应急救护知识与技能培训，推进应急救护培训进社区、进农村、进学校、进企业、进机关，推广“红十字急救掌上学堂”，“救在身边”应急救护培训形成品牌，并在国家工商总局成功注册。“十二五”以来培训应急救护师资3683人、红十字救护员119180人次。2010年、2012年，我省两获“全国红十字应急救护大赛”三等奖。

——“两献”工作双双进入全国“第一方阵”。截至2015年11月，造血干细胞捐献入库资料累计8.1万人份，成功捐献245例。中华骨髓库首批向世界骨髓库上传代表最佳库容的数据5万人份，湖北贡献1万人份。在我省登记的安徽籍志愿者、我省首位跨国捐髓志愿者张宝被评为第五届全国道德模范“助人为乐”模范奖。

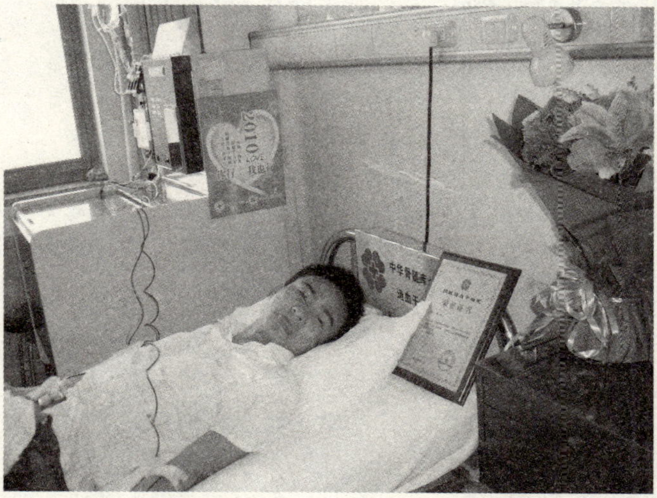

湖北工程学院（原孝感学院）新技术学院信息工程系大二学生田强，2009年4月自愿加入中华骨髓库。2011年6月配型成功后，因捐献时间与期末部分科目的考试时间有冲突，田强向其所在的信息工程系提出放弃部分科目的考试，前往北京兑现承诺。7月4日下午，田强住进空军总医院。从4日至9日，连续注射了7支“动员剂”，8日和9日上午，经过数个小时的血液分离，田强捐出了115毫升造血干细胞给受捐方。“我仅仅是怀着一颗感恩的心去帮助别人，别的没有多想。”田强如是说

——深入贯彻落实《湖北省人体器官捐献条例》。截至11月底，“十二五”以来全省已实施人体器官捐献625例，挽救和改善了1802名器官衰竭患者的生命与健康状况。筹建“湖北省人体器官捐献管理中

心”，建立人体器官捐献救助基金，以省政府名义出台了《湖北省人体器官捐献救助基金使用管理办法》。省财政已拨款500万元，拟请省彩票公益金投入300万元，向全省募集捐款420万元，已救助35户困难家庭，发放270万元救助金。成立“湖北省红十字人体器官捐献志愿服务队”，发放宣传折页9万余份、人体器官捐献宣传品1.5万余份。

恩施州农村留守儿童与红十字志愿者开展户外游戏

——红十字志愿服务精彩纷呈。我省已建成具有红十字特色的中国红十字（湖北）供水救援队、省红十字会心理救援队、省人体器官捐献志愿服务队、省红十字会造血干细胞志愿服务大队、武汉市红十字“乐助”志愿服务队等专业志愿服务队。全省注册红十字志愿服务队127支，注册红十字志愿者10888人，指导各市州组建完善1支以上核心志愿服务队。成功举办总会委托的“2013年海峡两岸红十字会青少年夏令营”活动。1名志愿者获“全国十佳红十字志愿者”，多名红十字志愿者获“湖北省优秀志愿者”荣誉称号，省红十字供水救援队获“湖北省志愿服务活动先进集体”荣誉称号。

在“爱相守·关爱农村留守儿童”活动中，各级红十字会投入20余万元，关爱农村留守儿童2000人，开展了心理卫生知识、安全防范意识、应急救护知识普及、沟通“连连看”、参观爱国主义教育基地等形式多样的志愿服务活动，减少农村留守儿童安全事故发生概率。

在失能老人养老服务项目中，为19家养老机构添置护理床等物资，并在每家养老机构建立红十字志愿服务基地。目前，全省各市州已经在社区、医院、血站、养老机构等单位建立了40余个红十字志愿服务基地，为志愿者提供了各种类型的服务岗位。广大志愿者定期上门服务，惠及人群1万多人。“东方之星”客轮翻沉事件发生后，省红十字会心

2014 年 10 月 30 日，由湖北省红十字会和阿里巴巴淘宝网联合主办的首届魔豆妈妈“商家云客服”项目启动仪式在武汉举行。此前，由阿里巴巴资助的“魔豆爱心工程”经过 5 年努力，共资助了 248 名湖北地区困难母亲就业

理救援队 15 名队员会同 22 名精神卫生专家共同组成心理救援队，在省医疗救治指挥部指挥下开展心理干预，访视 1663 人次，心理干预 317 人次，重点干预 80 人次，无一例“心病”复发记录。乘客家属含泪对队员说：“你们来一次，我们就好一次。”“有你们，就有安全感。”

2015 年 10 月 15 日，赶在武汉大学大一学生杜鹏上课前，省红十字会专职副会长张钦（左一）来到教学楼，为他发放了 5000 元助学款。自 2012 年“梦想启航　爱心助学”项目启动以来，省红十字会已累计资助困难学子 600 名

省红十字会造血干细胞志愿服务大队积极向公众宣传造血干细胞捐献相关知识，消除大众对捐献的误解，鼓励更多人加入造血干细胞库，给白血病患者带去生的希望。该队已向160余万人宣传了造血干细胞知识。

武汉市红十字会“乐助”志愿服务队以弱势群体为目标，在7所养老院和1所残障儿童康复中心建立志愿服务基地，定期上门服务，已累计服务2万余人次。

——人道国际交流合作涉及31个国家和地区。先后承担港澳红十字会捐款者探访团、巴基斯坦等19个发展中国家红会组成的“应急救护管理研修班”、斯里兰卡等9个亚洲发展中国家红会组成的“人道救援技术合作能力建设研修班”来我省考察接待任务。赴英、美参加红十字会能力建设培训，与德国巴州红十字会、港澳地区红十字会和台湾红十字组织互访交流。

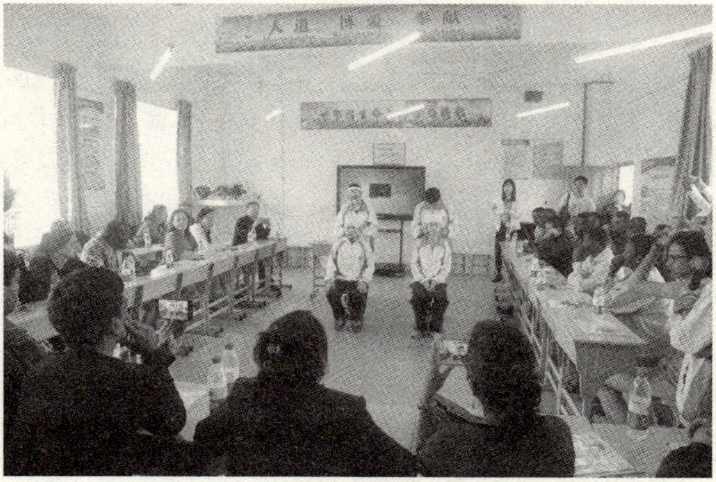

发展中国家红十字会研修班学员在宜昌五中应急救护实训室，现场观摩心肺复苏、头部包扎和手臂骨折包扎等应急救护技能表演，并与学生们进行了友好的互动交流

（本文刊于2015年12月23《湖北日报》）

听亲历者讲那些暖心的故事

——湖北省红十字会“人道的絮语——红十字故事汇”大型公益活动侧记

2015年12月29日，湖北省红十字会在省老年大学举办“人道的絮语——红十字故事汇”大型公益活动，9名红十字捐赠（献）者、志愿者、受助者、红十字专职工作者和媒体人代表，从不同视角讲述了一个个感人的红十字故事。湖北省政协副主席郭跃进及相关单位负责人出席活动。

2015年12月29日，湖北省红十字会在省老年大学天鹅湖礼堂举行“人道的絮语——红十字故事汇”大型公益活动

爱心助学：每个梦想都值得呵护

“我的工作就像一座桥梁，连接着受助者和红十字会，让每个有梦想的人实现梦想是我们共同的心愿。”湖北电视台综合频道新闻360栏目记者张小娟讲述。

2014 年暑假，大学毕业进入湖北电视台做记者的张小娟，见到了湖北省红十字会爱心助学项目资助的 3 位准大学生。那是她第一次直面残疾、疾病、贫困，更让她震撼的是，3 个女孩不约而同地传递出一种执着的信念——梦想。

“红色信封中装下的不仅仅是现金，还有一份对他们梦想的鼓励与褒扬。每一个人的梦想都值得呵护，而红十字会所做的，就是给处于困境的准大学生们，打开一个‘梦想通道’，让他们离梦想越来越近。”连续两年参与报道“爱心启航　圆梦助学”项目的湖北电视台记者张小娟在“红十字故事汇”的舞台上如是说

聋哑女孩韩华焱家境贫寒，梦想是有人能穿上由她设计的公主装。面对 3 万元的大学学费，爸爸问：“是不是一定要去?”她一口咬定：“要去。”爸爸心酸得直掉眼泪。后来，在爱心助学项目的资助下，韩华焱成功就读南京特殊教育职业技术学院服装设计专业。虽然她现在只能做一条简单西裤，画一些基本图样，但韩华焱坚信，将来一定会做出美丽的婚纱。

白血病女孩胡悦的梦想是当一名记者，但疾病让她离梦想越来越远，甚至连上学也变得越来越吃力。乐观的她认为，梦想总会受到现实的局限，然后会产生别的梦想。她的新梦想是成为一名人民教师。2014 年高考，胡悦如愿以偿，在爱心助学项目的资助下，成为东北师范大学对外汉语专业学生。治病之余，她积极参与志愿服务，生活越来越阳光。

恩施女孩胡清华的妈妈腿脚不便，智力偏低，爸爸靠打零工补贴家用。从初中起的每个寒暑假，胡清华都要打工挣钱供自己上学。她的梦想是将来找一份稳定的工作，好好赡养父母。在爱心助学项目的资助下，她已是湖北民族学院体育教育专业学生，虽然每个周末仍然要外出打工，但军训、辩论赛、运动会、主持人大赛等校园活动也样样没落下。现在，她在积极而努力地生活。

“我非常感谢2014年8月的那次报道经历。从她们身上，我感受了面对残障的淡然，面对疾病的乐观，面对贫困的坚韧，以及对梦想的坚守。”张小娟说，每个梦想都值得呵护，而红十字会所做的，就是给处于困境的准大学生打开一个“梦想通道”，让他们离梦想越来越近。“从这个意义上说，我是一名幸运的见证者，见证着人道传承，见证着梦想成真。”

2015年，全省有100名贫困学生收到湖北省红十字会拨付的爱心助学款。4年来，湖北省红十字会爱心助学项目累计救助了408名贫困学子，救助金额达204万元。

“地贫”患儿：记住一张张善良笑脸

“拿到孩子的血液化验单时，我几乎不相信自己的眼睛，白细胞只有2.8个，血红蛋白只有80个。虽然不知道这些数字意味着什么，但是医生的话却让我听得分明，儿子患上了一种罕见的病症——重度地中海贫血症。”一提起往事，四川省乐山市大病患儿黄文杰的母亲陈冬琴就忍不住掉眼泪。

2007年，年仅1岁的黄文杰被查出患有重度地中海贫血症，从此病房成了家，日常不再是玩具、饼干、书本，而是没有尽头的抽血、化验、输血、吃药。6岁了，正是上学的年龄，可黄文杰的身体极度虚弱，不能跟同学一起锻炼，每天必须按时吃药，定期输液。有一次，黄文杰看着手上的留置针头说：“妈妈，我现在觉得打针一点都不疼了。”陈冬琴泪如泉涌，冲出病房，坐在凛冽的寒风中无助地哭泣。

2014年4月的一天，陈冬琴接到红十字会工作人员来电：黄文杰造血干细胞配型成功。全家高兴不已。就在一家人为筹集30万元的高额手术费而忙碌时，医院又传来一个坏消息：配型成功的对象相关项目不达标，无法捐献。然而，好事多磨，2014年8月，医院再次传来好消息，

四川省乐山市“地贫”患儿黄文杰的母亲李冬琴（右一），在“红十字故事汇”的舞台上动情地讲述孩子接受骨髓移植的救治过程

1 名湖北志愿者配型成功，体检合格。当年 11 月，移植手术顺利完成。

“每当深夜，我在网上看到爱心人士的鼓励和帮助，就特别感动。此生无以回报，只能默默含泪接受并感谢！如若苍天有眼，愿为吾儿折寿 10 年！”“亲爱的孩子，你要好好记着这一张张善良的笑脸，等你长大，一定要成为最优秀的人，好好报答无私帮助过你的每一个人。”陈冬琴动情地说。

访谈现场，陈冬琴告诉主持人，孩子的病情现在控制得很好，是红十字会给了他第二次生命，孩子将于 2016 年春天上学。

讲述结束后，一名志愿者走上舞台为黄文杰送上礼物。他就是为孩子捐献造血干细胞的 80 后志愿者王洪涛。见到孩子的“救命恩人”，黄文杰的父亲黄东与母亲陈冬琴热泪盈眶，几度哽咽着与他拥抱。

爱心餐吧：像一家人在一起吃饭

“在志愿者之间分享着这样一个与老人相处的秘诀：老小老小，把老人当孩子一样就可以了。每次我帮老人盛好饭菜，他们都会双手合十鞠躬对我致谢。其实，这样的礼谢我是受之有愧的，他们比我父母还年长。作为晚辈，尽点孝道再正常不过。”百步亭景兰苑居委会副主任张赖讲述发生在爱心餐吧的故事。

2014 年 3 月，湖北省红十字会投入 20 万元，在武汉市百步亭社区实施“博爱家园”项目，创建爱心餐吧，张赖第一个报名，当上餐吧的红十字志愿者。3 月 18 日，爱心餐吧开张，志愿者们各展厨艺奉上开门餐。

在武汉市百步亭社区景兰苑居委会的博爱家园爱心餐吧内，红十字志愿者正在为社区老人烹饪可口的午餐。城市社区升起的袅袅炊烟，温暖着社区老人的心

餐吧采用互助式养老模式，有工作人员和志愿者 30 余名，配备了消毒柜、冰箱、桌椅、餐具、无烟锅等，主要为社区老人服务。

“社区志愿者有句口头禅：现在为老人服务，将来也是被服务对象。”张赖介绍，现在餐吧的常客有 60 余人。志愿者变着花样做菜，逢年过节还包饺子、做元宵，虽然很累，但大家都很快乐，“最开心的就是看着老人们拿着碗筷一脸期待地走进来，拉拉家常、发发牢骚、聊聊心事，这不就是家的样子吗？”

“餐吧既解决了社区老人就餐问题，也让红十字志愿者和社区居民像一家人一样一起做饭、一起吃饭，让社区成为温暖大家庭。”百步亭景兰苑居委会书记刘颖这样评价。

来自黄冈的失智老人项目救助对象宋春先的老伴陈堂友（右），在“红十字故事汇”的舞台上用乡音表达深深的谢意

活动现场，讲述红十字人道故事的还有荆州市公安县器官捐献者刘明龙的父亲刘运华；苦苦寻求肾源的尿毒症患者、武警战士史风亮的妻子郑莹；服务林区的全国先进集体“神农架林区红十字会”；黄冈失智老人宋春先的老伴陈堂友；在茫茫人海中为白血病患者打捞生命希望的中国造血干细胞捐献者资料库（中华骨髓库）湖北分库工作人员胡林；参与“东方之星”号客轮翻沉事件救援行动的湖北省红十字会心理救援队副队长江勇。

郭跃进现场慰问了9名讲述人，并与他们合影留念。湖北省红十字会党组书记宋悦明表示，“红十字故事汇”向岁月和历史汇总红十字最美人物和最感人故事，向荆楚人民汇报红十字人道成效，唱响了人道好声音，倡导了现代文明社会主流价值观，引发了观众的共鸣与震撼。

（本文刊于2016年1月5日《中国红十字报》）

构建大宣传格局　讲好红十字故事

——湖北省红十字会加强公信力建设纪实

一个机构的公信力，来源于社会公众的认知和信任，反映了公众对其履职情况的评价，是其核心竞争力与发展前景的决定因素。

近年来，为不断提升核心竞争力，增强红十字会的美誉度和影响力，湖北省红十字会创新工作，主动构建大宣传格局，变红十字会"独唱"为媒体"合唱"，采取"宣传+传播"两条腿走路的方式，积极塑造老百姓中平凡的"爱心群星"，在加强公信力建设、提升红十字会影响力等方面走出了一条富有特色、卓有成效的新路。

湖北省红十字新闻宣传志愿服务队在湖北日报传媒集团成立，时任省委常委、副省长、省红十字会会长张岱梨（右六）出席成立仪式并授旗

独唱变合唱，搭建大体系

4 年前，从时任湖北省委常委、副省长、省红十字会会长张岱梨手中接过湖北省红十字新闻宣传志愿服务队队旗时，唐晓安还只是《湖北日报》一名普通记者；4 年后，他已成为《湖北日报》驻某市记者站站长、报社“响当当”的业务骨干，也是红十字人道传播的中坚力量。

80 后记者杨麟，虽然入职年限不算久，但从业经历堪称厚重。4 年来，他追随中国红十字会（湖北）供水救援队赴四川芦山参与抗震救灾，多次参与跨国捐献造血干细胞、捐献人体器官等事件的新闻报道，累计发表稿件 200 余篇，并于 2014 年作为唯一媒体代表被评为湖北省红十字志愿者先进个人。

《湖北日报》记者杨麟（左一）参与湖北省红十字会年度主题采访活动，在黄冈市蕲春县大同镇汤坝村小学进行采访

像唐晓安、杨麟这样的媒体人，湖北省红十字新闻宣传志愿服务队还有 60 余名。4 年来，他们伴随红十字会一起成长，报道红十字会系统的人与故事，自己亦成为所在单位的业务骨干。

2011 年 4 月 12 日，湖北省红十字会研判进入新世纪以来的社会传播态势，提前谋划成立湖北省红十字新闻宣传志愿服务队，做红十字会与媒体合作的第一批“吃螃蟹的人”，联动驻鄂各大新闻媒体，把红十字志愿服务、人道救助等爱心行动开展得风生水起。

2012年8月，湖北省红十字会启动资助贫困大学生的项目“圆梦助学”，得到湖北电视台综合频道的鼎力支持，精挑细选出9个家庭贫困学生，根据他们的求学经历和励志故事，义务拍摄9期人物专题片，开辟专栏，每天滚动播出，栏目制片人李小芳亲自担任“圆梦助学”评委。

两度参与“圆梦助学”报道，见证200名贫困大学生受助过程，湖北电视台记者张小娟把自己从一名报道者变成了“布道者”，并在2015年底举办的“红十字故事汇”上讲述了自己的故事。“每个梦想都值得呵护，而红十字会所做的，就是给处于困境的准大学生打开一个‘梦想通道’，让他们离梦想越来越近。”她用自己的所见所闻打动了众多人。

湖北电视台记者张小娟两度参与“圆梦助学”项目报道工作

荆楚网记者石倩，先后参与报道造血干细胞捐献、“魔豆”爱心工程、雅安地震救援行动等。2014年寒冬，她为配合网站写好湖北故事，同行追踪武汉大学中南医院人体器官捐献协调员司晶两天，写出《为生命的延续牵线搭桥》，被多家媒体转载。《长江商报》记者胡梦，与湖北省红十字会负责人面对面沟通后，彻底打消了报道顾忌，采写的《湖北器官自愿捐献5年翻150倍》的整版报道，被多家省内外媒体转载。

历经4年磨合发展，湖北省红十字新闻宣传志愿服务队已成长为湖北省红十字会不可或缺的伙伴，在新闻报道茫茫大海中顷力“打捞”红十字故事，发出红十字声音。与省里的新闻宣传志愿服务队发展同步，湖北省13个市州、3个直管市和神农架林区红十字会全部建有直辖宣传团队，一支由112人组成、延伸至县（市、区）的人道信息员队伍，集体发挥着讲好“红十字故事”的积极作用。

“加强以大众普及为导向的人道传播工作，需要整合资源，巧借外力。要深耕、细耕、精耕，吸纳媒体人士加入红十字志愿者队伍，争取人人成为红十字传播员、红十字‘粉丝’，写红会、讲红会、赞红会。”湖北省红十字会专职副会长张钦说。

2013年6月9日，黄冈市蕲春县横沟镇药铺村61岁的村民董天旺（右三），带着受到省红十字会资助的10岁孙子董金智，向省红十字会赠送锦旗

宣传加传播，向社会要影响力

“网络事件”发生后，红十字会社会感召力下降，美誉度下降，影响力回落，舆论环境逐渐“吃紧”，各地红十字会均把加强公信力建设作为走出“塔西佗陷阱”的重要措施，并为此各尽所能。

湖北省红十字会提出，埋头苦干，坚定追求，凝聚人道力量，化“危”为“机”，变舆情应对为舆情管理；扩大正面报道，讲好红十字故事，吸引更多志愿者和社会人士参与人道公益事业。

2015年5月8日，湖北省红十字会向全省发放统一制作的“5·8世界红十字日”的主题海报、宣传册、折页，各地主流媒体广为刊载，主动向市民推介红十字民生项目，展示服务成效。

2015 年 11 月 13 日，湖北省红十字会召开媒体代表座谈会，就构建红十字大宣传格局问计媒体。人民网、新华社和新华网驻汉机构，湖北经视，凤凰网、腾讯网驻汉机构，《湖北画报》、湖北之声、《长江商报》等媒体代表就红十字故事传播、应急救援、人体器官捐献深度报道、新媒体利用、自媒体合作等提出意见建议。

湖北省红十字会党组书记宋悦明鼓励媒体参与大宣传格局的建立，“红十字会一手牵着社会达人，一手牵着困难群众。只有增强全社会的人道意识，才能动员更多社会力量参与和支持人道事业，真正实现‘救’在身边”。

成立于 2012 年 10 月 8 日的湖北省红十字会专家咨询委员会为红十字事业发展发挥了建言献策、咨询研究、民主监督的作用。华中师范大学管理学院尤光付教授认为，应大力构建大宣传格局，增强红十字会工作的广度、信度和美誉度。武汉大学城市安全与社会管理研究中心特聘教授尚重生表示，只有沉淀才能促公信力成长，公信力直接关系红十字会募捐筹资数量。

武汉大学城市安全与社会管理研究中心教授尚重生参加湖北省红十字会专家座谈会，听取工作情况介绍，积极建言献策

2015 年下半年，省红十字会将人道传播对象聚焦省委和省直相关部门，除例行性向省政府分管领导报告工作外，省红十字会领导还先后到省委宣传部、省编办、省发改委、省教育厅、省财政厅等部门（单位）报告工作，协商项目，得到各部门积极回应。

“霞光”到“群星”，红十字闪耀荆楚

2010 年 11 月 17 日，年仅 35 岁的麻城市农家女魏霞的“生命之烛”燃尽，成为湖北省捐献器官“第一人”。她的义举经媒体报道，如一颗被催化的爱心种子播撒到四面八方。

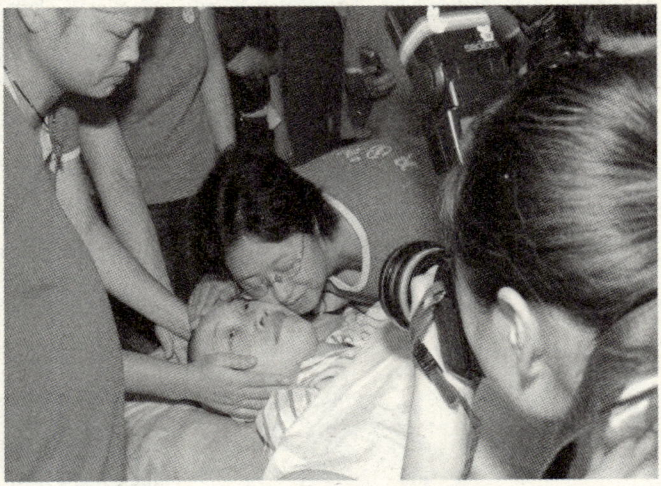

2010 年 11 月 17 日，参与协调的志愿者看望手术前的器官捐献者魏霞。魏霞是湖北省第一例人体器官综合捐献者

武汉市红十字会开展“魏霞致敬行动”，以象征其精神巍峨。当年，5000 余人登记捐献，8 人实施捐献。

“京山县张天锐夫妇捐亡儿器官救 5 人”，“好司机陈刚捐献器官救 5 人”，“襄阳 5 岁女孩王文萱意外受伤捐献救 5 人”，“荆州 7 岁绝症儿子陈孝天捐肾救母”，“弟弟出车祸脑去世，哥哥说服全家人义捐器官”，“退伍士兵刘明龙捐献器官救助 3 人”等，这一系列重磅新闻报道，引起全社会的强烈反响。

湖北省人体器官捐献中心调查统计显示：普通老百姓一提到器官捐献，都知道是一件政府领导的人道公益事业；市民要捐献、登记，首先想到的就是找红十字会。截至 2015 年底，湖北省已有 1581 人捐献遗体，653 人捐献器官，2900 余人的生命得以延续。

一道永不消逝的霞光，在荆楚大地演绎出永不落幕的爱心故事；一个个义无反顾走上捐献采集台的普通人，铸就了湖北“捐髓群星”的伟岸形象，激励、感召更多人走上奉献之路。

聚起来是一团火，散出去是满天星。2013 年 3 月 6 日，湖北省红十字会与湖北日报传媒集团联合举办“美丽的奉献——志愿捐髓湖北群星现象”座谈会

2014 年 7 月 17 日，湖北省红十字会联合省直机关工委、省教育厅、省文明办、《湖北日报》、湖北广播电视台、荆楚网等单位（媒体）召开“奉献之花在湖北绽放——张宝同志先进事迹座谈会”，张宝及其母校武汉船舶职业技术学院领导、志愿者代表等出席，与会人员就如何学习弘扬张宝捐髓救人精神，助推社会文明和进步各抒己见，多家中央驻汉媒体和省级主流媒体参与报道

2010 年 1 月，在武汉加入中华骨髓库湖北分库的安徽学子张宝，捐献造血干细胞成功救助一名韩国白血病患者，被习近平总书记“点赞”；2011 年 7 月，湖北孝感学院 90 后学生田强，“弃考捐髓”的义举在大江南北广为流传；2012 年 3 月，襄阳一中高三学生张文驰在北京海军总医院捐髓救助 4 岁福建男孩，完成一次跨越鄂、闽、京的生命接力；2013 年 9 月，襄阳小伙梁啸救助意大利患者，成为湖北跨国捐髓第一人……

“驾驭局势和左右行动的能力，就是一个机构的影响力。”宋悦明表示，红十字会向社会要影响力，必须变被动为主动。只有搭建影响力体系，逐个夯实影响力体系的指标，才能完成从数量到质量的质变与提升。

（本文刊于 2016 年 1 月 19 日《中国红十字报》）

让生命散发出最后一道光芒

——湖北省政协原主席沈因洛逝世后捐献遗体侧记

一张旧报纸，他珍藏了33年。报纸已经泛黄，承诺却不曾改变：33年前的《人民日报》上，刊登了24位共产党员“把遗体交给医学界利用的倡议”，其中就有他的名字；33年后，96岁的他在武汉安详离去，兑现了一位老共产党员的捐献承诺。

2016年2月20日15时09分，十二届中共中央委员、第六届湖北省政协主席沈因洛同志因病医治无效在武汉逝世，按其生前遗愿，丧事从简，不发讣告，不向遗体告别，不举行追悼会，遗体捐献给医学科学事业，成为湖北第一位捐献遗体的正省级领导干部。

一纸交接协议书，揭开一段33年尘封往事

“爸爸是在午睡中昏迷的，突然呼吸衰竭，之后就再也唤不醒了……”大女儿沈百舸说，父亲走的时候，安详平静，如同在睡梦中一般。

沈百舸一度以为，父亲只是睡着了，直到一纸交接协议书的出现。20日下午，武汉市红十字会工作人员将《武汉遗体器官捐献交接协议书》送到沈百舸面前。

“在签下捐献执行人名字的那一刻，我的心剧烈跳动，手不停颤抖。难道我就以这样的方式跟亲爱的父亲告别吗？我不忍啊……”沈百舸泣不成声。

22日下午，沈因洛同志追思座谈会在武汉举行。沈百舸拿出一份泛黄的旧报纸——1983年8月16日出版的《人民日报》。第三版右上部分刊登了一则“把遗体交给医学界利用的倡议”，沈老用红笔做了鲜明记号。

2016 年 2 月，第六届湖北省政协主席沈因洛逝世后捐献遗体，家人举行追思缅怀活动

“现在医学界和其他方面的先进人士已为遗体利用作出榜样……我们在下面签名的共产党员，自愿学习他们这种真正为人民服务直到死后的高尚品格，特向全国志同道合之士发出倡议……”这份 500 余字的倡议书后面，有 24 人签名，其中一个，就是沈因洛。

2013 年 12 月，中共中央办公厅、国务院办公厅印发《关于党员干部带头推动殡葬改革的意见》，鼓励党员、干部去世后捐献器官或遗体。

沈老捐献遗体的遗愿实现后，2 月 22 日，湖北省委书记、省人大常委会主任李鸿忠，省委副书记、省长王国生等专程赴沈老家中看望其夫人和家属。李鸿忠特别指出，沈老生前立下捐献遗体、丧事从简的遗愿，让生命散发出人生最后一道光芒，令人崇敬！

面对子女“拖字诀”，老人复印倡议书力劝家人

“凡是签名的人，都决心在生前做好各自家属的工作。”这是《人民日报》所发倡议书的最后一句话。

但沈因洛刚回家说出这一决定，便遭到了全家人的反对。“既不能

接受，更不想接受，反正就是拖着不签名。我们心想着，家属不签名，这事情就办不成。”沈百舸说。

这一拖就到了2007年。沈因洛亲自到武汉市红十字会，领取了一份《武汉市遗体捐献申请登记表》，填好所有内容，只留下一项近亲属同意签名。

为了说服家人，沈因洛将《人民日报》的倡议书复印了多份，妻子、女儿、女婿、秘书人手一张。“以无用之躯，尽最后有用之力”，“活着不争利，死后不占地”……这些年来，沈因洛反复教育子女，表明自己身体力行、捐献遗体的决心。

沈因洛同志出席会议旧照

“父亲对我们说，要让生命散发出最后一道光芒，让更多的生者看到希望，让更多的医学难题得到破解，这是传递生命、爱留人间的好事。”沈百舸说，经过一次次争论与磨合，全家人的思想终于统一，母亲曹俊敏于2007年4月28日在执行人一栏签下名字，女儿们随后签名同意。

2015年底，沈因洛因病住院，病情一度恶化，医院告知家属做好思想准备。躺在病床上，沈因洛宽慰妻子和两个女儿，并郑重重申他的遗愿：捐献遗体，丧事从简。

2016年2月20日，沈老安详离去。习近平、李克强、俞正声、刘云山、张高丽、赵乐际、朱镕基等对沈因洛同志逝世表示哀悼，对其家属表示慰问。

沈老离世后，武汉市红十字会启动遗体捐献程序，经与遗体接收单位华中科技大学同济医学院沟通，在湖北省红十字会指导下，确定由其接收沈老遗体，并现场签署了遗体捐献交接协议书、颁发捐献荣誉证、同家属一道与遗体告别。

22日中午，湖北省红十字会常务副会长宋悦明、副会长张钦，武汉市红十字会专职副会长陈耘等专程赴沈老家中慰问其家属。

每年捐出一个月工资，近20年捐款约14万元

沈因洛于1920年12月出生于江苏省吴县（现苏州市吴中区），1938年4月参加革命，1938年5月加入中国共产党。新中国成立后，他曾担任湖北省委书记（当时设有第一书记）、省委副书记、省政协主席等职。

2015年9月，沈因洛荣获“中国人民抗日战争胜利70周年纪念章”。沈老婉拒了省里送去的5000元慰问金，要求送给革命老区的困难群众。最后，这笔慰问金被送交革命老区红安县七里坪的两个贫困烈属家庭，资助烈士后代上学。

对困难群众慷慨，沈老对自己却很“抠门儿”。省政协老领导曾重郎回忆说，沈老生活十分简朴，经常步行上下班。身边工作人员陈明回忆，有一次看沈老穿了多年的布鞋太破，就自作主张给老人买了双鞋，不想却遭到一顿责备。“一件蓝色棉袄，一穿就是10多年，临终当天上午还穿在身上。”陈明哽咽着说。

在另一个维度上，沈老却是中国“最富有”的人之一。多年前开始，他便每年捐出一个月工资给红十字会、慈善会等机构，近20年已经捐款约14万元，成为我国较早的一批“长期捐赠人”。

（本文系作者与《楚天都市报》记者陈凌墨合作，刊于2016年2月26日《中国红十字报》）

让仁爱之花开遍荆楚大地

红十字精神“人道、博爱、奉献”六个字，一言以蔽之，可谓“仁”。仁，一度作为最高的道德标准，深刻地影响了华夏民族的精神内核，是煌煌中华所以成为“文明古国、礼仪之邦”的重要因素。

110多年前，红十字传入中国，传入湖北，与“仁者爱人”的传统道德标准水乳交融，从此薪火相传，生生不息，在保护人的生命和健康、发扬人道主义精神、促进世界和平方面发挥着积极作用，成为我国人道主义救助体系中不可或缺的中坚力量。

2017年1月19日，中国红十字会副会长郭长江（右三）带领慰问组到中国红十字会精准扶贫点、国家级贫困县湖北省英山县方家咀乡四棵枫村开展“红十字博爱送万家”活动。年过五旬的王胜寅（左一）与智障的弟弟相依为命，家中没有其他收入。面对慰问组，老人激动地说，党和政府及红十字会的关爱让人感到特别温暖

三救、三献：春风化雨

“这个社会，需要更多的人道主义温度，需要一种春风化雨的仁爱力量。”宋悦明说。他希望红十字会救灾、救护、救助的“三救”工作，和无偿献血、捐献造血干细胞、人体器官捐献的“三献”业务，源源不断地传递这种温度和力量。

截至2015年底，造血干细胞捐献入库资料7.6万人份，成功捐献232例；登记捐献遗体和器官8578人，累计捐献器官635例，挽救1800余人的生命。在红十字会的努力下，志愿者生命的种子得到了传递，患者的生命得到了延续。

如今，湖北“捐献群星”现象已经形成，涌现了类似张宝这样的先进典型。张宝，作为湖北省首例涉外捐献者、第一位给外国人捐献造血干细胞的志愿者，受到了习近平总书记的点赞，受到了李克强总理的亲切接见，省委书记李鸿忠并为此事做出亲笔批示。

近年来，省红十字会积极开展志愿服务和红十字青少年工作，激发和传递正能量，开展自救互救培训，保护生命与健康，先后实施了“魔豆”“圆梦助学”“景区红十字救护站”“红十字博爱送万家”“博爱卫生院(站)”“博爱家园”“失智老人关爱”“天使计划”等项目，为减轻疾苦、保护生命、维护尊严、促进和平、传递社会正能量做出了积极贡献。

动力、活力：公信破局

毋庸讳言，因为一些不和谐的因素，中国红十字会的公信力遭到了前所未有的质疑，湖北红十字事业的发展也因此面临前所未有的困难。一边是不明真相的百姓的质疑，一边是历史赋予的重任、党和政府的殷殷寄托。湖北红十字事业如何确定改革方向，破冰解局？

宋悦明把握住了问题的本质：构建全省范围的红十字大宣传格局，引入第三方审计、核查，打造看得见、有感觉、敢放心、广传颂的公信力，有的放矢，重点破局，激发强大的发展动力和活力。

围绕中心、服务大局，方向不能偏。这是宋悦明为红会工作画定的红线。

2015 年 10 月 19 日，中国红十字（湖北）供水救援队培训演练在长江黄冈段举行。湖北省红十字会党组书记、常务副会长宋悦明（右二）观摩演练并慰问救援队员

2016 年，湖北省红十字会将召开换届大会。宋悦明希望面向基层、面向社会、面向群众，改革完善省红十字会理事会组成机构，吸收基层组织、吸收公益人士进入理事会，大家群策群力，为“建成支点、走在前列”和“五个湖北”凝聚人道力量。

宋悦明认为，红十字工作的任督二脉，在基层，在宣传。只有理顺市县一级红十字的管理体制，加强基层红十字组织的建设，才能疏通全省红会工作的毛细血管，搭建红会与群众的沟通桥梁；只有加大对红十字职能职责的宣传，广泛传播红十字好故事和人道好声音，才能动员更多社会力量和爱心人士参与、共建红十字事业。

如此，一脉通，百脉通，省红十字会才能透明化工作、规范化工作、创新化工作，才能真正突出红十字会的工作特点，奋发作为，树立强大的公信力，突破僵局，赢得党和政府、社会与群众的重视与支持。

严苛、严格：鲜花怒放

宋悦明深知品牌的影响力，深知信誉的重要性。所以，“十三五”期间，省红会将突出重点，集中力量，补短板、提能力、建信誉、重人道、助扶贫、创品牌。

宋悦明认为，红会本身就应该是一个品牌，公益产品应该成为一个品牌。他希望红会能真正聚焦到人道领域的工作中来。他指出，红会的资金支出程序要更加严苛，队伍作风建设要更加严格。

品牌和信誉，将成为红会工作发展的内生动力，让人道主义的鲜花次第盛开在荆楚各地。省红会还将积极发挥红会民间外交的功能，参与到"一带一路"建设中去，促进民心相通，让荆楚大地的文明之花香传世界。

（本文系作者与《湖北画报》杂志殷恕忠合作，刊于2016年4月《湖北画报》）

495 万元物资助灾民抗洪灾

——湖北洪灾致10万余人转移安置，红十字会紧急送来家庭包和夹克衫

针对湖北省严重暴雨洪涝灾情，近日，中国红十字会系统快速反应，上下联动，派遣专业救援队，调拨家庭包、夹克衫等救灾物资，帮助受灾群众渡过难关。

截至7月3日，湖北省红十字会已向各受灾县（区）累计下发价值495万元的救灾物资。

2016年7月，湖北遭受特大洪涝灾害，红十字志愿者在中国红十字会湖北备灾救灾中心连夜装卸救灾物资

6月30日以来，湖北省遭遇梅雨期第四轮强降雨袭击，全省17个市（州、直管市、林区）63个县（市、区）431.83万人受灾，10.4万人被紧急转移安置。

2日

7月2日，湖北暴雨洪涝灾害持续发展，中国红十字会总会在先期救助47.5万元救灾物资的基础上，追加调拨家庭包1000个、夹克衫3000件，另下拨10万元紧急备用金，用于为灾区群众采购急需用品。

2日晚，中国红十字基金会紧急启动湖北暴雨洪涝灾害应急响应，发起“天使之旅——湖北行动”，派出第一批救灾工作组驱车奔赴灾区一线，并紧急安排60万元救灾资金用于购置“赈济家庭箱”，为受灾家庭提供灾后一周生活所需。

同时，中国红基会积极联合腾讯微公益、新浪微公益、支付宝、轻松筹开通网络众筹平台，为救灾行动定向募集“赈济家庭箱”。

北京市湖北企业商会向家乡灾区捐款，商会会长陈东升（右二）、湖北省人民政府驻京办主任施政（右三）、省红十字会常务副会长宋悦明（右四）出席捐赠活动

2日下午，湖北省红十字会召开执委会，向社会发出募捐救灾呼吁，向武汉市红十字会下拨中国红十字会总会调拨的500件夹克衫和省红十字会库存的200个家庭包；从结余救灾资金中拨付武汉市红十字会5万元，用于购买灾区急需的毛巾被，支援受灾严重的新洲区。

湖北省红十字会还组织了5支赈济救援分队，前往灾区开展核灾救灾工作，确保物资及时有序规范发放。

武汉市、新洲区两级红十字会迅速启动救灾应急预案，核查灾情，并根据受灾群众需求迅速下拨价值18万元的救助物资，包括矿泉水10000瓶、方便面10000盒、饼干400箱、面包400箱。

鄂州市红十字会工作人员和志愿者划船挨家挨户发放红十字赈济家庭箱

3日

3日下午，湖北省红十字会再次召开执委会，研究第四批救灾物资发放情况，向黄冈、荆州、孝感、随州、武汉、恩施、荆州、潜江、黄石、鄂州、咸宁、十堰、襄阳、仙桃、天门等受灾地区下拨价值214万元的救灾物资。

该批救灾物资分别为中国红十字会总会援助湖北省家庭包1700个、夹克衫8500件和紧急备用金10万元；中国红十字基金会援助湖北省家庭包2000个；湖北省红十字会库存夹克衫2685件、家庭包153个；上海市红十字会捐赠家庭包550个、防潮地垫200条。

当日下午，湖北省、武汉市红十字会联合工作组赴黄陂区前川街指导救灾、发放物资。湖北省红十字会副会长张钦、武汉市红十字会常务副会长陈耘赴灾民安置点油冈小学看望受灾群众。

截至目前，湖北省红十字会已累计下拨价值495万元的救灾物资用于全省灾情救助，包含大米、方便面、矿泉水、夹克衫、毛巾被、毛毯、蚊帐、防水席、T恤衫、内裤、拖鞋、牙膏牙刷、洗衣皂、碗筷、卫生纸、医疗盒、手电筒和防水手提包等。

（本文刊于2016年7月5日《中国红十字报》）

陈竺深入武汉灾区慰问受灾群众

2016年7月5日，全国人大常委会副委员长、中国红十字会会长陈竺深入武汉市新洲区、黄陂区受灾群众安置点，冒雨看望慰问受灾群众，以及奋战在一线的红十字会工作人员和红十字志愿者。

全国人大常委会副委员长、中国红十字会会长陈竺（右二）与武汉市新洲区受灾安置点群众交流

新洲区三店街中心小学安置点有1313名受灾群众。在安置点医疗救助站，陈竺向奋战在一线的医护人员表示慰问，并仔细询问受灾群众身体状况怎么样，能否得到及时治疗等。得到肯定答复后，他又冒雨走进安置点帐篷，与受灾群众亲切交谈："家里损失有多大？在这里生活怎么样？还有什么困难？"

"感谢党和政府关心，我们在这里生活什么都不缺。"灾民们回答。

看到食堂里饭菜热气腾腾，有肉有汤；帐篷里干净整洁，有床有棉被；得知红十字会为受灾群众送来装有T恤衫、碗筷、毛巾、牙刷等生活用品的家庭包，解决了他们的生活所需时，陈竺感到很高兴。他勉励红十字会工作人员和红十字志愿者继续为受灾群众提供服务，确保每名受灾群众有饭吃、有衣穿、有地方住、有干净水喝、有病能及时医治。

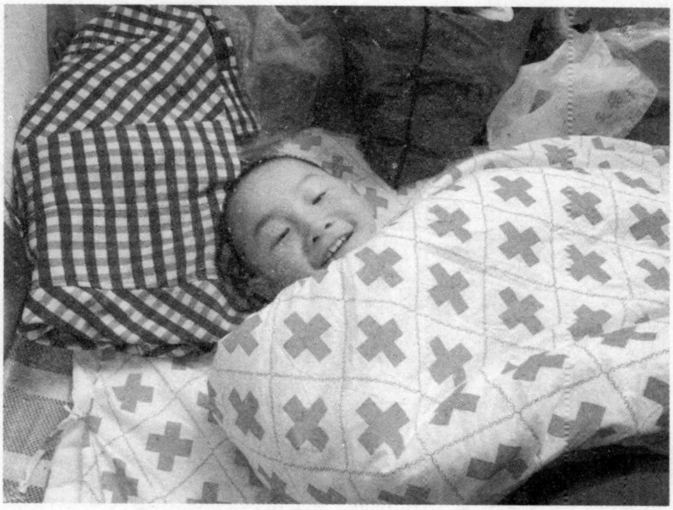

红十字棉被温暖灾区儿童

在黄陂区前川街油岗小学灾民安置点，陈竺听取了省红十字赈济救援队、心理救援队工作开展情况的汇报。心理救援队曾经为“东方之星”号客轮翻沉事件幸存者和遇难者家属提供心理疏导与干预，强降雨灾害发生后，他们深入灾区安置点，为受灾群众进行心理疏导，受到群众欢迎。

在听取当地党政负责同志及红十字会负责人救灾工作汇报后，陈竺强调，今年湖北遭遇了历史罕见的强降雨洪涝灾害，红十字会作为党和政府在人道领域联系群众的桥梁和纽带，在灾难来临时刻要挺身而出，深入灾区一线积极救助关怀受灾群众，充分发挥红十字会员和志愿者作用，千方百计为受灾群众服务。

中国红十字会副会长王海京，湖北省人大常委会副主任周洪宇，省政府副省长、省红十字会会长甘荣坤，省红十字会党组书记、常务副会长宋悦明，省红十字会副会长张钦陪同慰问。

由于暴雨持续，5 日至 6 日，湖北灾情进一步加重。根据湖北省红十字会上报的灾情，7 月 6 日，总会将湖北灾区应急响应级别提升至一级，总会救灾工作组继续在湖北开展工作。王海京在一线指挥救灾，与省红十字会共同研究救灾方案。

省红十字心理救援队队员访视武汉市黄陂区洪涝灾害受灾安置点群众

根据灾区需求，总会向湖北追加救助棉被 8000 床、单帐篷 650 顶，划拨紧急救灾备用金 10 万元用于在当地采购急需物资；总会会同澳门特别行政区红十字会向灾区提供 3000 个家庭救助箱，追加救助款物总价值 246. 38 万元。

2016 年 7 月 7 日，中国红十字会副会长王海京（中）带领总会及湖北省红十字会救灾工作组前往武汉市蔡甸区、江夏区两地灾区，详细了解受灾群众安置情况，督导救灾物资发放并慰问受灾群众

根据灾情和各地需求，救灾物资主要发往武汉、黄冈、荆州、咸宁、孝感、潜江、天门、鄂州、荆门等重灾区。在总会及湖北各级红十字会的共同努力下，追加救助物资当天全部运抵各灾区，有效缓解了灾区转移安置压力。

7 月 7 日，王海京带领总会及湖北省红十字会救灾工作组前往武汉市蔡甸区、江夏区两地灾区，详细了解受灾群众安置情况，督导红十字会物资发放，慰问现场参与物资发放的红十字志愿者。

汛期以来，中国红十字会总会、中国红十字基金会已向湖北灾区调拨救灾款物四批次，累计价值 496. 56 万元。

（本文刊于 2016 年 7 月 8 日《中国红十字报》）

“三个是否”问村民

——湖北红会赴灾区督查救灾物资发放情况

对救灾物资发放是否满意？发放过程是否公开透明？是否通过公示接受群众监督？

2016年8月2日，在鄂州市华容区临江乡洲头湾，受灾村民谈起湖北省红十字会工作组问及的“三个是否”，竖起大拇指连称“满意”。“家庭包等救灾物资都是由红十字会工作人员送到家中，发放过程也都签字画押、公开透明，受助家庭名单也都张榜公布了。”村民说。

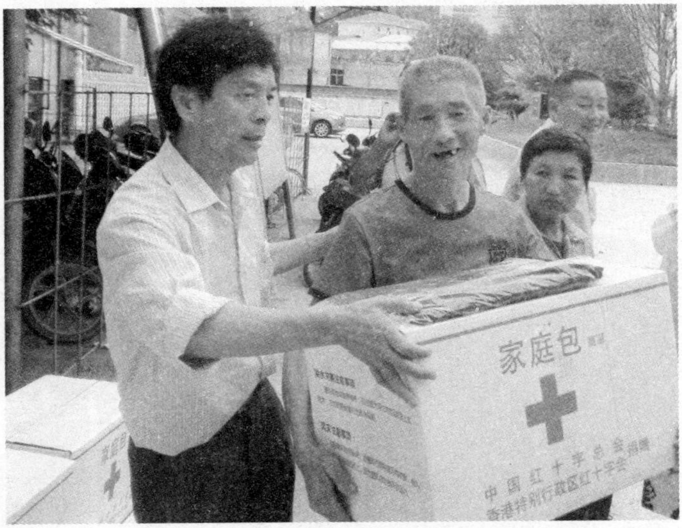

黄冈市蕲春县的受灾群众正在领取红十字家庭包

8月2日至4日，湖北省红十字会工作组先后到鄂州、黄石、咸宁等地灾区督查救灾物资发放情况。每到一地，工作组均仔细查看救灾物资签字发放资料，进村入户向受灾群众询问“三个是否”，了解物资发放情况；坚持“两查一访”，实地盘点清查库存，着重了解物资是否全部发放，是否实现零库存；对各类纸质资料翻阅检查，看流程是否合规，资料是否齐全；走访部分受灾群众，了解物资是否起到实际作用，并听取意见和建议。

湖北省红十字会工作人员在鄂州受灾群众家中督查救灾物资发放情况

通过督查，工作组了解到，受灾地区各级红十字会在当地党委、政府的支持下，能够及时精准地将物资发放到受灾群众手中，没有库存积压，调拨、发放手续均按要求办理，各级红十字会还充分发动志愿者参与搬运和发放物资，开展医疗救助和心理疏导，传递人道关爱。

省红十字会要求，各级红十字会要高度关注救灾款物落地事宜，资金和物资都必须按规定要求落实到位、发放到位；必须做到救灾资金专款专用，救灾物资零储存；各级红十字会必须加大核查力度，做到县（市、区）100%、市州50%、省20%核查。

（本文刊于2016年8月9日《中国红十字报》）

艺术家眼里的“人道”

近日，湖北省红十字会官方微信公众号“博爱荆楚”的《人道关爱你我他》栏目邀请到著名歌唱家程志、梅花奖获得者王荔、著名画家查世煜、著名毛体书法家宋明政等艺术家共话人道。

程志：人道力量如清泉永不枯竭

帮助他人不是牺牲，而是更懂得生活，真诚地付出，一定会收获更多的快乐！让更多的人参与到“博爱”大家庭中来，将会使助人为乐、爱人爱己的健康生活理念传播得更广。人道精神是可以不断传承和传递的，比如说，当你帮助他人渡过困境和难关时，受到帮助的人会把这份“博爱”之情继续传递下去，人道的力量宛若一条永远都不会干枯的清泉。

著名男高音歌唱家程志

（人物名片：程志，湖北省红安县人，解放军总政歌舞团一级演员，著名男高音歌唱家）

如何践行人道精神？关键还是靠宣教和普及，即通过全媒体宣传人道主义精神与我们每个社会成员的关系。同时，还要在社区、机关、车间、学校或公共场合，普及自救或救助他人等适用技能。比如发现身边有人晕倒，或发生突发事件，能够做到“救”在身边，这也是践行人道精神的基本要求。

王荔：弘扬人道是时代的责任和使命

今天，培育青少年的人道精神显得非常重要。让“人道、博爱、奉献”的红十字精神根植于青少年心中，培养他们乐于奉献、仁爱善良的道德品质，增强其社会责任感，让他们懂得关爱他人、帮助他人，是我们这个时代的责任和使命。

“中国戏剧奖·梅花表演奖”获得者王荔

（人物名片：王荔，国家一级演员，第五代陈派〔陈伯华〕传人，工习青衣，2015 年荣获“中国戏剧奖·梅花表演奖”）

要树立正确的世界观、人生观、价值观，激发争做有志青年和社会有用人才的斗志；增强青少年社会责任感，学会尊重人、理解人、关心人；助人为乐，自觉地参与各种公益活动……当人道成为绝大多数人特别是青少年的行为准则时，整个社会的价值取向和精神面貌就会发生质的改变。自私自利、拜金主义、冷漠无情、见义不为就会少一些，团结互助、奉献至上、热情仁爱、扶危济困的行为就会蔚然成风。

查世煜：要唤醒每个人心底本能的爱

人道应该是一种自发自觉的行为，比如做些力所能及的事，只有拥有一颗仁爱之心，才能及时“帮”在身边。希望人道的力量和精神辐射到每个社区、农村、机关、企业和学校。如果有人活动的地方就有人道的存在，那么全社会自然会形成一股强大的人道正能量。

国家一级美术师查世煜

（人物名片：查世煜，国家一级美术师，中国艺术家协会名誉会长，曾获“当代丹青大师”“中国书画领军人物”等60多个荣誉称号）

要通过传递人道的故事和力量，让更多的人感受到：助人亦是自助，乐人也是乐己。每个人首先要从帮助他人、关爱他人，特别是关爱自己身边的人入手，做自己力所能及的事情，在帮助他人中提升自己，丰富快乐自己的人生。人道的力量，光靠志愿者的行动还不够，还要唤醒更多人，甚至每个人心底的本能的爱。只有通过彼此传递爱和播撒爱，这个世界才会变得更温暖、更美好。

宋明政：坚持人道事业，让爱充盈大地

许多人既不是腰缠万贯，也无法一掷千金，却拥有一颗充盈的爱心。许多人多年来坚持从事公益事业，以博爱精神关爱社会，关爱弱势群体。特别是遇到大灾大难时，他们有的主动捐款、捐物，有的主动给他人无私帮助，有的主动参加志愿服务，有的多次参加捐献造血干细胞，有的无偿为弱势群体维权，有的关爱老人和残疾人群……这就验证了一句话："品德高尚的人无论走到哪里都不会忘记自己的使命。"我想，这就是人道的力量。

著名书法艺术家宋明政

（人物名片：宋明政，湖北省文联委员，湖北省人民政府文史馆馆员，湖北省毛泽东书法艺术研究会创始人，著名毛体书法艺术家）

人道还须基本功，以普及知识和技能为主，进行基本救护知识和技能培训，通俗易懂、简明实用。比如说，要组织特殊行业和相关社区进行救护知识的培训，针对各种意外及自然灾害，对社会群众等非专业人员进行基本救护知识和应急技能培训，以此提高群众在突发事件和意外伤害事故中的应急避险技能和自救互救能力。普及这些救护知识，就是为了在需要之时能够展示人道的魅力。

（本文系作者与《今日湖北》杂志熊传东合作，刊于2016年9月2日《中国红十字报》）

阳光照进大山深处

——湖北省红十字会“爱乡守·关爱农村留守儿童”活动侧记

“这里四面环山，仿佛伸手就能触摸到白云。其实云离我们还是很远，就像现代教育离这座农村山学一样，看似很近，却有着难以跨越的距离。”

这是湖北第二师范学院红十字春蕾志愿服务队队员支教日记中的一段话。今年暑假，春蕾志愿服务队 10 名队员通过湖北省红十字会层层选拔，来到位于鄂赣界山的湖北省通山县大畈镇大坑村，在该村唯一一所小学——大坑村希望小学开展为期 15 天的支教活动，把山外的阳光带进大山、带给孩子们。

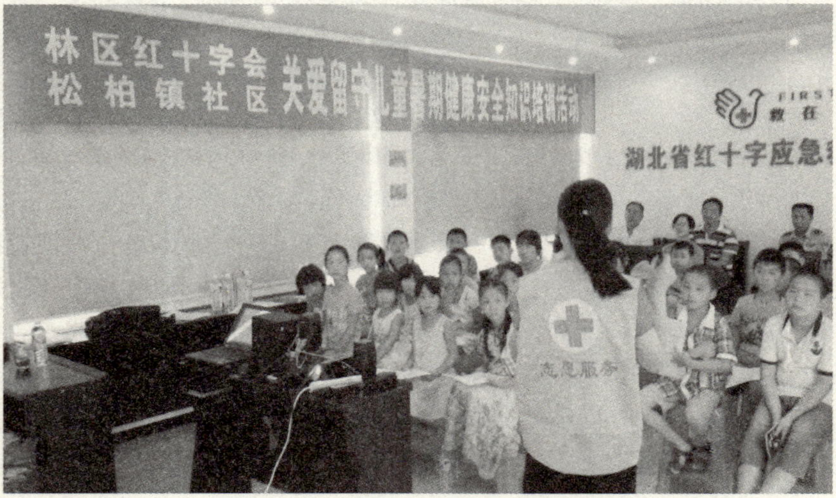

神农架林区红十字会联合松柏镇社区举办关爱留守儿童暑期健康安全知识培训班

大坑村希望小学：
初次接触篮球的孩子，死死抱住不撒手

大坑村是湖北省红十字会精准扶贫点，作为省级贫困村，闭塞的交通将大山内外隔绝成两个世界，年轻人纷纷外出打工挣钱，老人、孩子成了村里的留守主力。在大坑村希望小学，100 余名学生中，留守儿童占了 80%。

今年 4 月，湖北省红十字会启动“爱乡守 · 关爱农村留守儿童”支教活动，为大坑村希望小学留守儿童招募支教师资。虽然条件严格，活动报名人数仍超出预期，经过激烈角逐，湖北第二师范学院红十字春蕾志愿服务队 10 名队员最终胜出。

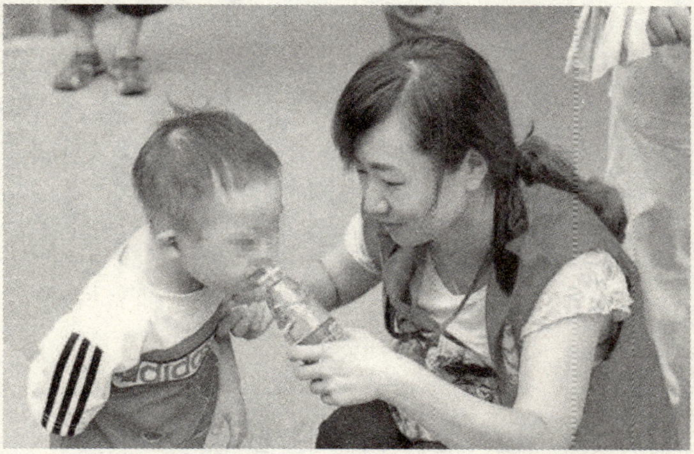

孝感市红十字志愿者、国家二级心理咨询师吴娟在儿童福利院关爱孩子

团队经多轮磋商，确定支教时间、所需物资、课程设计安排等事项后，于 7 月 9 日抵达大坑村。省红十字会驻村工作队就农村留守儿童身心健康、防灾避险、自救互救技能、安全事故防范等为支教团队进行了 5 场专门培训。

学校的孩子很少接触外界，上体育课时，有的孩子初次接触篮球，死死抱住篮球教师、志愿服务队队长张亮的腰不放手；女孩子从未上过舞蹈课，舞蹈老师李艳教她们跳舞时，孩子们既羡慕又惊奇，却怯于表现自己。

“我们在这里的任务，就是跟他们建立起平等沟通的关系，打破他们内心的闭塞，让他们变得开朗起来，勇于接受新事物。”张亮说。

15 天的支教活动，志愿者通过甲方对留守儿童的情况有了进一步了解：他们家庭情况各异，但都有一个共同特征，内心都渴盼着爱与陪伴；部分孩子因父母常年不在身边，表现出对父母的抗拒与漠然；有的孩子思念父母心切，上课时常常分心走神；有的孩子因为爷爷奶奶溺爱，常年与电脑游戏为伴，性格孤僻内向……

针对这些情况，支教团队逐一剖析，与学院有关导师联系对接，寻求对策，然后再因人施教，开展有针对性的疏导与交流。

在恩施州来凤县旧司镇腊壁司村，红十字志愿者与留守儿童开展联谊活动

无人监护留守儿童过万：湖北省红十字会上下联动送关爱

大坑村希望小学支教活动，是湖北省红十字会系统 2016 年“爱乡守·关爱农村留守儿童”志愿服务活动的一项内容。

今年 5 月，湖北省红十字会向各市州红十字会下发通知，要求以切实关爱农村留守儿童的身心健康、提高他们的安全意识和自我保护能力、减少安全事故发生率为目的，开展以安全教育、救护培训、结对帮扶、爱心捐赠等为主要内容的“爱乡守·关爱农村留守儿童”志愿服务活动。这是省红十字会系统连续第二年开展此类活动。

黄石市书画院专业画家吴永明老师用亲切生动的语言向黄石市大冶市还地桥镇长岭村留守儿童传授学习国画的精髓

“农村留守儿童因父母在他乡务工，出现‘五缺’现象，生活上缺人照顾，行为上缺人引导，学业上缺人帮助，安全上缺人监督，健康上缺人教育。”湖北省红十字会副会长张钦说，开展系列关爱农村留守儿童活动，就是要用来自社会的关爱满足孩子们心灵的渴望，用温暖和关怀引导他们人生的航向。

湖北省各地红十字会纷纷利用暑假期间开展了形式多样的志愿服务活动。襄阳市襄城区红十字会为留守儿童传授意外伤害自救互救知识与技能，赠阅《防溺水安全知识手册》；宜昌市红十字会为兴山县黄粮小学40位留守儿童送去书包和文具礼盒；黄石市红十字会为大冶市金牛镇金畈村的30名留守儿童送去学习用品，并就溺水、烧伤、被蛇咬伤的应急处置作专题讲座……

“目前，湖北农村留守儿童近74万人，其中无人监护过万。”湖北省红十字会常务副会长宋悦明表示，儿童是祖国的未来，关爱留守儿童特别是农村贫困地区的儿童，作为党和政府人道领域得力助手的红十字会义不容辞。省红十字会将一如既往，继续组织开展类似活动，为社会各界和留守儿童搭建奉献爱心的平台。

（本文刊于2016年9月16日《中国红十字报》）

博爱家园：提升渔民幸福感

长湖是我省第三大淡水湖，跨荆门、荆州、潜江三地，流域面积2265.5平方公里。

长湖岸边的荆州市沙市区观音垱镇泗场村，如今成了全省闻名的博爱家园，吸引40余名发展中国家红十字会官员前来考察。

10月14日至15日，省红十字会组织中央及省内新闻媒体，探访泗场村博爱家园，感受长湖岸边渔民的新生活。

急救培训，搭建安全屏障

15日下午，下湖捕鱼归来的泗场村渔民李明武，正向渔民们示范如何开展心肺复苏急救。“这些急救知识对我们这些捕鱼为生的渔民来说太重要了。”56岁的李明武还清楚记得，2000年，村里有渔民下湖捕鱼突然溺水，他和乡亲们好不容易把人救上岸，但谁都不会急救知识，溺水渔民还没送到镇卫生院就断了气。

为帮助长湖渔民掌握急救知识，去年，省红十字会志愿者来到泗湖村博爱家园，用橡皮人作示范，手把手传授渔民心肺复苏、创伤救护等应急救护知识。“多亏学会了心肺复苏，我才能及时救下妻子一命。”李明武心有余悸地说。

今年5月，李明武和妻子下湖捕鱼，突遇大风，妻子落水被救上岸后，已陷入昏迷。李明武立即用学到的急救知识，及时为妻子做心肺复苏。卫生院医生说，多亏救护及时，才捡回一条命。

村党支部书记索生佳介绍，泗场村有村民619户2800人，耕地面积仅3401亩，青壮劳动力外出务工，留下老人孩子在村里。年迈的老人们下湖捕鱼，安全堪忧，红会的急救培训对他们非常及时、有益。

志愿服务，情暖孤寡老人

去年4月，观音垱镇泗场村成功申报省博爱家园项目，项目总投资35万元，其中省红十字会支持30万元，观音垱镇配套5万元。历时5个月，改扩建了村卫生室，新建了博爱广场和红十字工作站（志愿者服务基地）。

荆州市沙市区观音垱镇泗场村的博爱广场成为村民业余文化生活的重要场所

沙市区红十字会专职副会长张晓红介绍，博爱家园是一个公益项目，就是要发动群众，让人人成为志愿者，相互帮扶，使孤寡老人、残疾人也能感受到社会温暖。

为此，沙市区红十字会在泗场村招募了50名有爱心、有能力的志愿者，让他们为乡亲们服务。泗场村有贫困户148户476人，7户孤寡老人，15名残疾人，20户特困户。“穿着‘红马甲’的红十字会志愿者，经常来看望我们，还给我们送米送油。”采访中，患有长期慢性病的贫困户唐祖明说。

困难户唐楚学说：“志愿者就像亲人一样，有什么困难，一个电话，他们就会上门热心相助。”

博爱家园，乡亲们的健康是首位

记者又来到博爱广场。村民范小琳带领姐妹们，正在欢快的音乐声中跳舞，她们在为下月镇里举办的广场舞大赛备战。

范小琳说：“过去村里没有一块像样的休闲广场，我们只能在马路边跳广场舞，如今有了这么好的休闲活动场地，我们的舞也越跳越欢快。”

随后，记者走进泗场村医务室，只见药房、输液室和诊疗室一应俱全，让人眼前一亮，

村医朱生明给乡亲们看病后，拿出一张村卫生室旧照片给记者看：“你看，以前的医务室是一间破旧房屋，晴天漏风，雨天漏雨，而且缺医少药。乡亲们有了病，只能去十几公里外的镇卫生院。”

自从省红十字会在泗场村建设博爱家园、重新修建了医务室后，乡亲们日常小病基本不用出村。

村民申向阳介绍，每天来医务室量血压、测血糖，然后去博爱广场健身，已成为自己每天早饭后的必修课。

“博爱家园，乡亲们的健康是首位，我们计划强化医务室的技术力量，更好地为乡亲们提供健康保障。”张晓红说：“希望通过博爱家园项目，帮助长湖渔民走出困境，早日脱贫，过上幸福生活！”

（本文刊于2016年10月18日《湖北日报》）

“红十字会就在你我身边”

——湖北省荆州市沙市区观音垱镇泗场村“博爱家园”建设掠影

荆州市沙市区观音垱镇泗场村坐落在湖北省第三大湖泊长湖之畔。在这里，红十字“博爱家园”文化无处不在：博爱街、文化墙、宣传牌，红十字元素随处可见；博爱广场、红十字课堂、红十字宣传栏，红十字精神深入人心。

“红十字会就在你我身边。”在荆州市沙市区观音垱镇泗场村，红十字博爱家园文化无处不在：博爱街、文化墙、宣传牌，红十字元素随处可见

老百姓为红十字点赞

泗场村有一条数公里长的“博爱街”，街两旁红十字标识随处可见。沿着这条“博爱街”，便可走进村子建设的“博爱家园”。

“当初建‘博爱家园’时，我前后参加了5次讨论会，红十字会的人很尊重我们的意见，以商量的口吻与我们一起设计属于我们自己的‘博爱家园’，如今全村人都受益了。”村民申向阳说。红十字会在村里起到很大作用，空巢老人、留守儿童、残疾人等群体都得到了红十字会和志愿服务队不同程度的帮扶。在村里，只要一提起红十字会，人人都会竖起大拇指。

荆州市红十字会常务副会长徐莉说，泗场村“博爱家园”项目点的建成，是红十字会组织参与社会管理、主动服务民生的一次积极探索，是广大村民参与社会人道公益活动的重要平台，有力弘扬了“人道、博爱、奉献”的红十字精神。

村民对红十字的知晓率达100%

近年来，沙市区红十字会以项目建设为重点，扎实推进红十字会基层组织的发展。2015年4月，观音垱镇泗场村成功申报省“博爱家园”项目，项目总投资35万元，其中省红十字会支持30万元，观音垱镇配套5万元。项目在发放问卷调查村民实际需求的基础上，经省红十字会调研，市、区红十字会实地考察，最终决定改建村卫生室、新建村博爱广场和村红十字工作站。项目历时5个月，全面完成硬件改、扩建工程。

同时，成立了泗场村红十字组织，招募了一批有爱心的村民组成红十字志愿服务队，开展与村平安创建、清洁家园、秸秆禁烧等工作相关的志愿服务活动。以红十字工作站为载体，开展防灾减灾、卫生健康、应急救护、红十字运动等知识讲座共6期，培训干部群众2000人次、业务骨干50人次，发放宣传册920余份。建成红十字“博爱街”，设置特色宣传旗、宣传牌和文化墙，实现了村民对红十字知晓率100%。

今年56岁的泗场村村民索明武一家祖祖辈辈生活在长湖岸边，以捕鱼为生。他家现有5口人，儿子儿媳常年在外务工，老两口带着7岁的孙子生活。他说：“过去真的不知道啥子是红十字会，如今全村人都晓得。我和老伴参加了红十字会组织的应急救护培训，学习了很多自救互救知识。”今年5月，老两口在船上捕鱼，索明武的老伴不小心掉进湖里，被捞上岸时已停止了心跳。情急之下，索明武立刻为老伴做了心肺复苏，时间不长，老伴恢复心跳。“幸亏学了急救法，不然老伴的命就没了。”

徐莉表示，如何把红十字会的基层组织建成、建好，市红会动了不少脑筋。“过去，村民几乎不知道红十字会是个什么组织，如今在观音垱镇村民中，红十字的知晓率达到100%、参与率98%、受益率80%。”

（本文刊于2016年10月18日《中国红十字报》）

讲红十字故事　做人道践行者

——湖北省红十字会举办“水墨故事·人道荆楚”红十字故事汇

江城晚秋，林寒涧肃，湖北省老年大学天鹅湖礼堂内却爱心洋溢、暖意融融。11 月 3 日，由湖北省红十字会、湖北广播电视台联合举办的“水墨故事·人道荆楚”红十字故事汇在这里举行。

当天，6 位红十字捐赠者、捐献者（家属）、志愿者、红十字会专职工作人员、媒体人代表相继登台，深情回顾与红十字的点点滴滴，讲述各自深刻铭记的爱心故事。

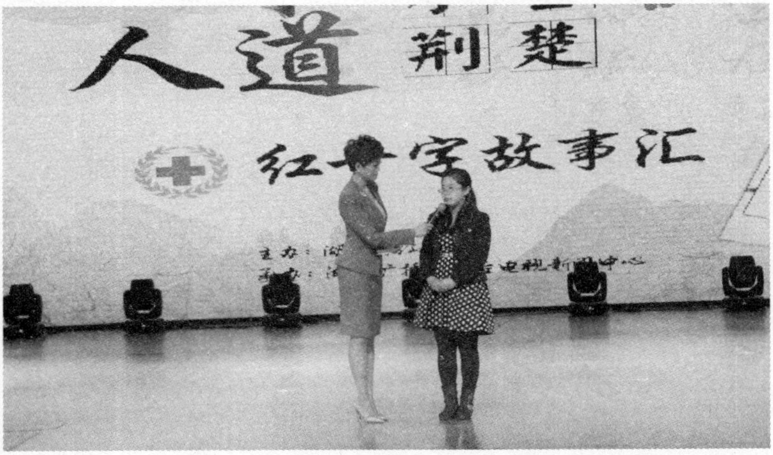

靳军华的妻子、襄阳市中心医院医生张瑞瑞（右）在红十字故事汇的舞台上讲述丈夫逝后捐献器官挽救 4 名患者的故事

张瑞瑞是湖北省人体器官捐献者靳军华的妻子，是襄阳市中心医院的一名医生。当天，她特意从襄阳赶到武汉，向江城市民讲述了丈夫逝后捐献心脏、肝脏、肾脏挽救 4 名患者的故事。

今年 1 月 17 日，农历“腊八节”，同在襄阳市中心医院工作的靳军华被一名醉驾司机撞倒，造成重度脑外伤昏迷，2 月 3 日因抢救无效离世。丧失至亲的悲痛，没有让张瑞瑞忘记和丈夫的约定。“我们曾经相约，等到将来百年以后，都要捐献器官挽救生命，继续履行身为一名医生的职责。但是谁也不会想到来得这么早。”张瑞瑞泪流满面。

武汉市民王青松（左二）于 2012 年捐献造血干细胞，为年仅 4 岁的广西“地贫”患儿莫晓芸实施捐献。站在红十字故事汇舞台的王青松得知，被救小女孩如今身体健康并已开始上学时倍感欣慰

王青松是一名造血干细胞捐献者，2012 年为年仅 4 岁的广西“地贫”患儿莫晓芸实施捐献。如今，这名小女孩身体健康，已经开始上学了。

“这个世界，总有一些东西金钱不能衡量。”活动现场，王青松拿出一张有些泛黄的贺卡，这是完成捐献后，莫晓芸的爸爸委托红十字会专门寄给他的，是王青松收到的最珍贵的一份礼物，“预示着一个生命的新生”。

“如果说我希望对方有所回报的话，我只希望那个小女孩能把病治好，和其他的小孩一样健康成长读书。”王青松的话音未落，会场响起了雷鸣般的掌声。

79 岁的桂希恩，是武汉大学中南医院教授，也是 2015 年的“感动中国”年度人物。“我碰见很多人，他们很需要帮助。如果我碰到了还不给他们帮助，那我岂不是连做人的资格都没有了？就这么普通的一件事啊！”在故事汇现场，桂希恩朴实而坚定的话语让现场听众动容。

“老牛自知黄昏近，不用扬鞭自奋蹄。”79 岁的武汉大学中南医院教授、知名防艾专家桂希恩（右）站在红十字故事汇的舞台如是说。他也是 2014 年的“感动中国”年度人物

坚守医疗一线 50 余年，桂希恩与成千上万的艾滋病患者为伍，常年通过湖北省红十字会给希望小学、基层医院捐款。今年全省洪灾，他还专程赴省红十字会捐款。用他的话说：“留给我的时间不多了，我还想为社会多做一些事情。”

由湖北省红十字会、湖北广播电视台联合举办的“水墨故事 · 人道荆楚”红十字故事汇在湖北省老年大学天鹅湖礼堂举行。活动结束后，省领导和相关部门领导与故事讲述嘉宾合影留念

当天为江城市民讲故事的，还有抗洪救灾期间，不顾家中妻子生病、老屋垮塌，坚持冲锋一线为灾民发放救灾物资的孝感市红十字会办公室主任李建强；带领团队60余名志愿者，坚持不懈为老人、孤残人士提供志愿服务的荆州市红十字会“发现爱”公益项目发起人郭强；和爱心团队一起走遍湖北城乡角落，身体力行做人道践行者的湖北广电红十字爱心基金形象大使李锦泽。

省人大常委会副主任周洪宇出席活动，慰问讲述嘉宾并与他们合影留念。400余位市民现场聆听故事。故事汇活动将于近期在湖北省电视台播出。

（本文刊于2016年11月11日《中国红十字报》）

媒体来找“暖新闻”

——湖北省红十字会宣传与传播工作纪实

“老牛奋蹄，拼余生慰疾苦；名医驾鹤，遗大爱换新生。”今年 11 月 3 日，湖北省连续第二年举办“红十字故事汇”。我国著名防艾专家桂希恩、荆州器官捐献者靳军华的妻子张瑞瑞等 6 位讲述者相继登台，30 余家中央驻汉媒体及省市主流媒体联袂推送暖心故事，在荆楚大地激发阵阵热潮。

近年来，湖北省红十字会以文化建设为媒、以红十字精神为光，通过媒介平台和亲历者，向荆楚人民传递暖新闻和“老百姓点赞的事”，引导更多爱心人士参与人道救助行动。

看在眼，百姓自发撰诗文

“红十字会救援队，供水供电人称对，雪中送炭献大爱，救援精神最可贵。灾区人民心不灰，救援队伍很干脆。日夜兼程开汽车，千里迢迢送设备。”

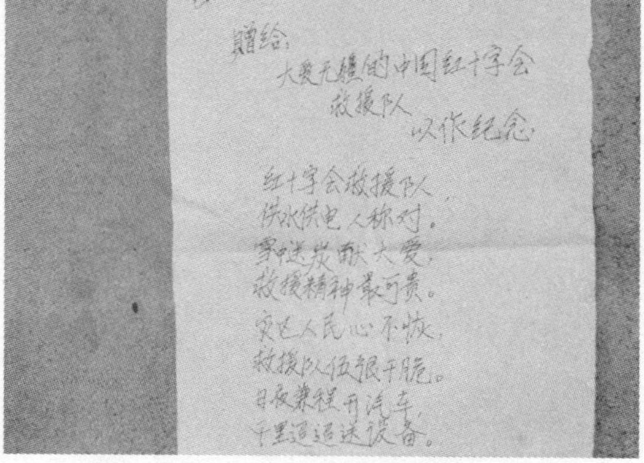
赠给：
大爱无疆的中国红十字会
救援队
以作纪念
红十字会救援队
供水供电人称对，
雪中送炭献大爱，
救援精神最可贵。
灾区人民心不灰，
救援队伍很干脆。
日夜兼程开汽车
千里迢迢送设备。

四川省芦山县龙门乡古城村的农民黄文魁写下的打油诗

2013年4月，中国红十字（湖北）供水救援队在四川芦山地震灾区执行救援任务，坚守26天，有效解决灾区6000名民众紧急阶段的饮用水困难。龙门乡古城村农民黄文魁写下打油诗，张贴在队员撤离时的必经路口。

“神农架的红十字，遵循宗旨巧规划：应急救援专业化、宣传筹资长效化、救护培训常态化、公益项目品牌化……”

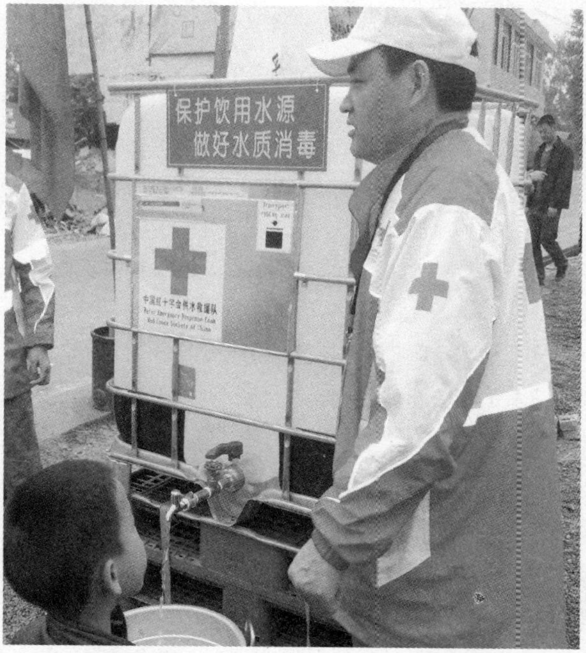

在四川雅安芦山县龙门乡古城村，中国红十字（湖北）供水救援队为地震灾区的村民供应洁净的饮用水

这是“火炮歌”，神农架林区的一种民间吹打乐，由林区知名词作家吴承清填词。歌曲背后，讲述的是仅有7人的林区红十字会，每年为国内外700余万人次游客提供应急救护服务、在林区8万群众之间架起“爱心桥”的故事。

在荆州市沙市区王板桥社区，红十字志愿者龙伏生的即兴创作——“平时学习自救术，人人为我我为人，掌握医疗救治法，志愿献血献大爱，器官捐献助他人，当好社区志愿者”，以老百姓喜闻乐见的方式传播红十字应急救护、无偿献血、造血干细胞和器官捐献知识，在社区广为流传。

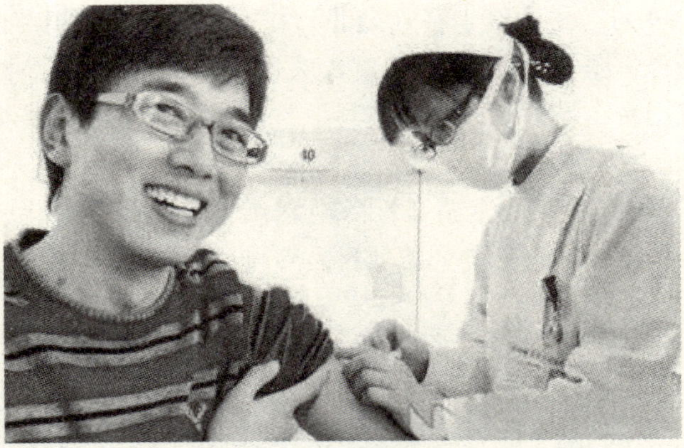

在武汉求学时登记成为骨髓捐献志愿者的张宝，救助了一名韩国白血病患者，成就了中韩友谊一段佳话，受到习近平主席的点赞

数百次感动江城的造血干细胞捐献、人体器官捐献故事背后，更吸引许多人有感而发，赋诗成文。

“十九年华多爱心，义捐骨髓瞒双亲，平凡壮举救人命，可贵精神众尽钦。”这是2015年鄂州市退休老干部胡盛海听闻鄂州籍大学生黄梓琪捐髓救人之事后，向这位当时湖北年龄最小捐献者表达的敬意。

今年清明前夕，荆州市沙市退休人士杨长捷填写自愿登记捐献遗体表格，奋笔抒怀：“生难活难死亦难，一生形影吊孤单，百思无物留尘世，慷慨捐赠臭皮囊。”带动周边亲朋好友加入捐献志愿者行列。

赤壁市红十字会秘书长邓敏热爱歌词创作，今年3月，她为留守儿童创作歌曲《妈妈，我想您了》，经省红十字会微信公众号“博爱荆楚”、本地网站论坛等平台推送后，引发众多留守儿童家人共鸣，带动爱心市民为留守儿童捐款捐物。

一首首诗词、一场场演出，为社区群众送去欢声笑语，也把红十字精神传播到基层、扎根在基层，引领更多人崇德向善、乐善好施。

追新闻，媒体主动找上门

2014年11月12日，武汉市红十字会微信公众号“博爱江城”发布《一位华师女博士的生死抉择》一文，讲述女大学生王誉晔一次次在绝症面前做出“生与死”的艰难抉择的故事，短短数日阅读量超过10万，展开话题讨论近70个，参与人数近6000人。此时，“博爱江城”登录微信平台仅仅两个多月。

注重“传统媒体+新媒体+自媒体”宣传，是湖北省红十字会系统一以贯之的理念。不同于一般的微信订阅号，“博爱江城”设有信息公示、在线报名、手机求助、掌上捐赠、博爱社区、一键导航等互动功能，截至目前已“吸粉”3万余人，发布图文信息1200余篇，总阅读数突破100万人次，成为红十字会系统新媒体传播的佼佼者。

“红马夹送来幸福感”，“博爱家园提升农村社区幸福指数”，“今日渔民新生活”，“红会就在你我身边”，“观音垱村民红十字知晓率100%”……10月中旬，湖北省红十字会组织人民网、新华网、凤凰网、《湖北日报》等媒体记者赴荆州市沙市区观音垱镇泗场村采风，形成大批正能量报道见报、上网，取得了良好的传播效果。

在黄冈市蕲春县汤坝村小学，参加主题采访活动的媒体记者正在采访红十字志愿者

3年来，中央驻汉媒体和省内主流媒体记者，先后深入荆州市泗场村、黄冈市汤坝村、咸宁市大坑村、武汉市百步亭社区等近20个红十字核心业务项目点探访，累计形成连续报道、图文报道、跟踪报道等200余篇。

手中一支笔，腿上两脚泥，与红十字会、受助人群密切接触后，不少记者投身红十字志愿者行列。

“红十字故事总是触及人性、打动人心、彰显人道，在细微之中折射人性光辉，可谓践行社会主义核心价值观的凡人善举。”曾三度参与主题采访的《湖北日报》资深记者、省红十字新闻宣传志愿服务队队长杨麟说。

正方向，红会要做“身边人”

“要宣传好红十字会，搭建志愿服务平台，让‘爱’时刻在身边；搭建应急救护平台，让‘救’时刻在身边；搭建备灾救助平台，让‘暖’时刻在身边；搭建‘三献’服务平台，架起生命相助之桥。”这是湖北省红十字会常务副会长宋悦明的思路，也是省红十字会整体宣传与传播的方向。

凤凰網湖北 hb.ifeng.com　湖北 > 资讯 > 凤眼观楚 > 正文

湖北省红十字会面向全社会征集红十字人道公益广告语

2016年01月28日 10:20
来源：凤凰湖北　0人参与　0评论

为构建红十字大宣传格局，弘扬“人道、博爱、奉献”的红十字精神，进一步提升红十字会社会知晓率，动员更多社会力量和爱心人士支持并参与红十字事业，湖北省红十字会面向全社会征集红十字人道公益广告语。

一、征集要求

1、广告语内容要围绕“红十字会在重大灾害救援、保护生命健康、促进人类和平进步等方面发挥了重要作用”、“我国红十字事业是中国特色社会主义事业的重要组成部分，中国红十字会是党和政府在人道领域联系群众的桥梁和纽带”等主题精神，结合中央群团工作会议精神和中央、省委关于加强和改进党的群团工作的意见，展示红十字形象和事业发展成果，弘扬正能量，引领新风尚，鼓舞干事创业热情。

2、要求主题鲜明，通俗易懂，感染力强，文明健康，易于传播。

3、广告语字数每条一般不超过30字，可投多条。投稿人需在稿件中注明姓名、工作单位、联系电话、通讯地址，并在信封或电子邮件标题中注明“人道公益广告语征集”字样。

4、所有作品必须是原创作品，作品版权归主办方所有，主办方享有对征集作品的使用、修改和无

湖北省红十字会面向社会征集红十字人道公益广告语，媒体合作单位凤凰网湖北频道第一时间发布推送

2016年1月底，省红十字会面向社会征集红十字人道公益广告语。与省红十字会保持良好合作关系的凤凰网、腾讯大楚网、汉网等媒体认为，这是一次典型的人道公益活动，具有暖新闻元素，选择第一时间进行推广。短短一个月，活动征集人道公益广告语748条，被列为中国红十字会2016年红十字博爱周活动全国优秀案例。

为配合中国红十字会总会在全国范围内开展“最美红十字志愿者”评选活动，省红十字会向各级红十字会征集候选人，在基层红十字会推荐、“博爱荆楚”微信公众号群众投票的基础上，31 名最美红十字志愿者脱颖而出。志愿者吴娟、陈晶世等人的故事引发热议，点击量近 4 万，网友留言点赞近 300 条。

今年 9 月，省红十字会微信公众号“博爱荆楚”尝试创新人道传播方式，邀请“中国戏剧奖 · 梅花表演奖”获得者王荔等 4 位艺术家共话人道，从践行人道精神、人道主义与青少年成长、同理心关爱弱势群体等方面进行探讨，讲述自己心中埋藏已久的红十字故事，推动艺术与人道的结合、传播。

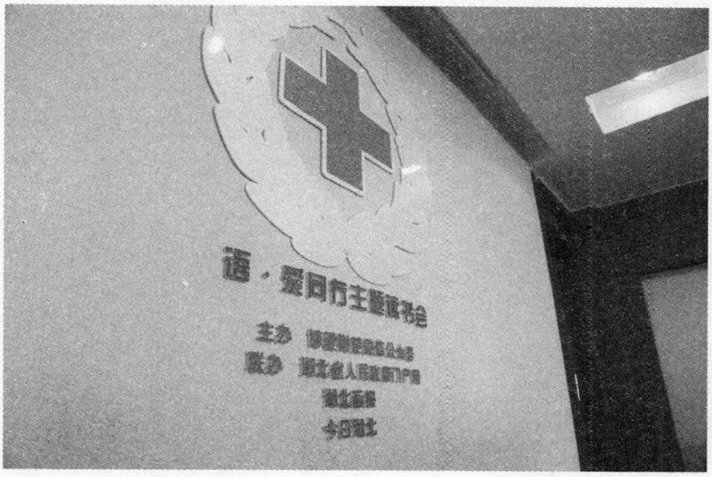

湖北省红十字会举办“语 · 爱同行主题读书会”，对传播人道主义进行一次全新尝试

当月，“博爱荆楚”还联合省政府门户网站、《湖北画报》、《今日湖北》，力邀传媒、教育、文化、企业界的读书爱好者，广泛交流，从不同角度梳理世界范围内的仁爱精神，感悟人间真善美，用文化载体弘扬红十字精神。

宋悦明说：“人道关怀是社会不可或缺的温度，在人道关怀与行动中凝练、形成的红十字文化，是群众口口相传的口碑，也是红十字人的动力与方向。”目前全省已有 4 名红十字关联人物入选“荆楚楷模”榜单，他希望有更多人入选，把更多仁爱种子播种在荆楚大地。

（本文刊于 2016 年 11 月 25 日《中国红十字报》）

他们身上散发着光芒

——湖北省红十字人物连续入榜“荆楚楷模”侧记

2016年3月28日，“2016‘荆楚楷模’年度人物致敬礼”在湖北广播电视台举行，20名个人和1个集体当选2016“荆楚楷模”年度人物。湖北省委常委、宣传部部长梁伟年与800余名机关干部、企事业单位职工、社区群众及学生代表共同观看致敬礼。

近年来，“荆楚楷模”评选活动推出了一大批具有鲜明时代性、先进性、示范性的先进楷模，引领全省干部群众践行社会主义核心价值观。仅2016年，先后有5名红十字人物进入“荆楚楷模”榜单。

“教坛裕禄”余功茂

41岁的余功茂，是武汉大学外国语言文学学院教师。2012年，余功茂因遗传性多囊肾病引发脑部动脉瘤，做了开颅手术；后又因血压冲进眼睛中的蛛网膜导致左眼失明，进行了眼部手术。

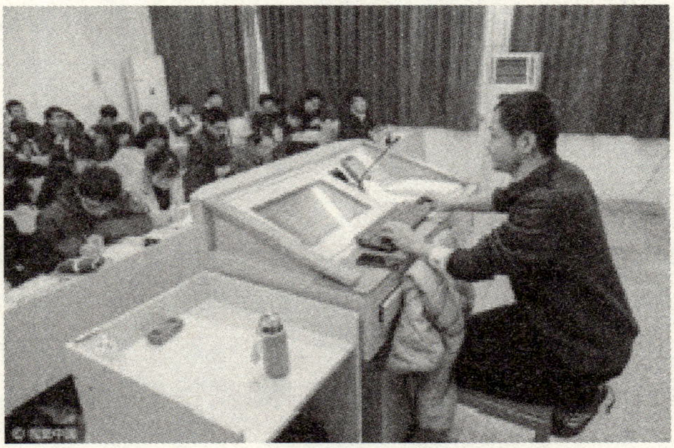

“最美大学老师”、武汉大学外国语言文学学院教师余功茂

2014 年 11 月，余功茂的多囊肾病再次发作，引发慢性双肾衰竭，每周接受 3 次血液透析。在武大中南医院移植医学中心进行移植等待登记后，他开始了漫长的等待。学校领导再三劝他不要上课，安心养病，但他始终不愿离开讲台，同时带三个班级的英语课。看到同学们的学习劲头，他把一切困难悄悄埋在心里，每周上 8 节课，体力不支，便跪在椅子上讲课。他的事迹被多家媒体报道，被誉为“最美大学老师”。

2016 年 6 月，经历了近两年的等待后，余功茂终于等来了肾源并成功接受肾脏移植手术。刚刚手术完的余功茂极度虚弱，在病房里，他通过妻子在微信朋友圈发出一条消息，称：“重获新生的感觉特别美好！感谢红十字会的努力，没有器官捐献移植事业，我的命早就不在了。我是这项事业的受益人，我要把这份爱传递下去。”

出院前一天，余功茂登记成为一名遗体器官捐献志愿者。

勇救护士的医院书记杨俊

2016 年 7 月 14 日晚 9 时 15 分，一声凄厉的尖叫划破了武汉红十字会医院急诊大厅的宁静。刚结束输液的 35 岁男性患者李某突然情绪狂躁，冲进处置室，拿起治疗盘内的医用剪切刀，抵住实习护士陈晓（化

有勇有谋的武汉市红十字会医院党委书记杨俊

名）的脖子，将其劫持至室内右窗角处。

晚9时22分，正在医院值防汛班的书记杨俊闻讯赶到："我是小护士的妈妈。这位老弟，我是来给女儿送饭的。女儿在武汉读书，不可能得罪你，一定有什么误会。我53岁了，养个女儿不容易，你把女儿还给我，我来作人质。"

说话间，杨俊泪流满面，李某原本满眼的凶光变得有些犹疑。在杨俊与李某周旋间，两名特警飞扑上前，将李某牢牢按在地上。

获救的陈晓一把抱住"妈妈"，伏在"妈妈"肩头泣不成声。红十字医院书记扮妈妈勇救护士的事迹经多家媒体报道后，全国网友为杨俊的机智与勇敢点赞。

大爱医生靳军华、张瑞瑞

2016年1月17日，襄阳市万达广场附近，36岁的市中心医院医生靳军华外出办事途中被一名醉驾司机撞成脑部重伤，经抢救后被宣布脑死亡。同为该院医生的靳军华妻子张瑞瑞及靳军华父母经慎重考虑，签下《器官捐献同意书》。

2月6日，武汉同济医院器官移植研究所传来消息，靳军华捐献的心脏、肝脏、两肾等器官成功完成移植手术。36岁的年轻生命，在4个被挽救的家庭中得以延续。

靳军华生前工作照

“我们都是受过器官捐献培训的医生，我这么做是完成他的心愿。我和军华不止一次谈到生死问题，在他看来，死后把器官捐献出来更有意义。”张瑞瑞含泪说。

“这个医生家庭穿越生死的大爱，为医者仁心做了更完美的诠释。”湖北省人体器官捐献管理中心主任魏勇感叹。

襄阳电视台报道市中心医院医生靳军华逝后捐献器官挽救他人生命的感人故事

近两年来，由湖北省委宣传部、省文明办评选的“荆楚楷模”榜已成为荆楚儿女践行社会主义核心价值观的靓丽品牌。在2016年152位“荆楚楷模”月度人物基础上，经提名推荐、网络投票、综合评审、公示等层层选拔，省委宣传部向余功茂等20人及一个集体授予2016“荆楚楷模”年度人物称号。

“2016年度，包括宜昌五中学生师楠在内的5位红十字相关人物入榜‘荆楚楷模’，这是‘人道、博爱、奉献’的红十字精神与湖北儿女传统美德相结合的产物。”湖北省红十字会专职副会长张钦说。

“下一步，省红十字会将力争推荐更多人物，通过‘博爱荆楚’电视专栏等平台，让人道主义精神在荆楚大地广为传颂，共同垒起荆楚新的精神高地。”省红十字会常务副会长宋悦明表示。

（本文刊于2017年4月7日《中国红十字报》）

赈济救护别样“红”

——湖北省红十字会赈济救护部党支部工作侧记

2017年“七一”前夕，从湖北省委省直机关工委传来消息，湖北省红十字会赈济救护部党支部入榜省直机关表彰的126个“红旗党支部”榜单。

省红十字会赈济救护部党支部成立于2015年6月，现有党员7人，平均年龄44岁，平均党龄15.5年。这支年轻而又不年轻的队伍，年轻在朝气与活力，成熟在沉稳和扎实。他们深度融合党建工作与赈济救护工作，使红十字的人道主义事业更有成效。

有一种担当，叫作“忠诚履职”

2016年5月底的一天，乌云密布，暴雨倾盆。黄冈市罗田县胜利镇落梅河中学灾民安置点，省红十字会赈济救护部党支部共产党员郭强身披雨衣，正在紧张调运救灾物资。突然，口袋中的手机剧烈震动起来。他挺直腰杆，掏出手机，接听电话。很快，滂沱大雨打湿了他的面颊，沿着雨衣向下倾注。他挂断电话后，默默抹去脸上的雨水，继续埋头清点物资。这一天，郭强的祖母与世长辞，在抗洪救灾的关键时期，他顾不上回家尽孝。

“一想到群众还泡在水里，就感到时间浪费不起啊。”这是奋战在救灾一线的省红十字会赈济救护部党支部党员干部的心声。

特大洪涝灾害面前，党支部一方面指导基层及时核灾查灾报灾，纵横沟通联合救灾；另一方面宣传呼吁，北上南下募集价值4000余万元的款物，先后7批次向灾区调拨救灾物资，动员基层党员和志愿者近万人参与灾害救援服务，书写下红十字会党员干部不忘初心、人道为民的坚贞誓言。

湖北省红十字会赈济救护部党支部党员在黄冈受灾地区发放救灾物资

“对救灾物资发放是否满意？发放过程是否公开透明？是否通过公示接受群众监督？”2016 年 8 月 2 日，在鄂州市华容区临江乡洲头湾，面对省红十字会赈济救护部工作组的询问，村民们都竖起大拇指连称“满意”。

为确保每一个项目、每一笔善款、每一份物资都在阳光下运行，党支部成员分批分组核查款物发放，坚持“三个是否”“两查一访”救灾工作法，实现了“县（市、区）100%、市州 50%、省 20%”核查指标。

“党员们自觉把红十字精神、政策法规与党章、系列讲话同步作为‘学’的重要内容，把合格的红十字人与合格党员同步作为‘做’的重要内容，把红十字人道公益模式探索与作风建设同步作为‘改’的重要内容。”省红十字会赈济救护部党支部书记、部长王朝晖说。

近年来，他们在常态化救助上健全机制，规范做好上门、电话、信访等日常救助；在重点援助上，围绕老人、残疾人、重患、社区困难群众、灾区民众、人体器官捐献困难家庭等实施项目救助；在特色帮助上，突出“救在身边”这一全国急救湖北品牌，开展急救“五进”活动。应急救护培训纳入省直机关工委 2017 年工会工作要点，全年全省计划培训救护员 1 万人次，群众普及培训 26 万人次。

湖北省红十字会赈济救护部党支部书记、部长王朝晖（左一）
带领支部党员在十堰市调研红十字会养老志愿者服务基地建设

事不避难，勇于担当。“他们维护着党员形象和红十字圣洁，在工作中时刻凝练‘忠诚履职、勇于担当、守护生命、维护尊严’的人道情怀，体现出了共产党人的先进性和纯洁性。”省红十字会党组成员、秘书长李荣说。

有一种机制，叫作“党建引领”

火车跑得快，全靠车头带。省红十字会赈济救护工作的火车头就是党支部。他们把党建工作作为统领赈济救护工作的“导航仪”，不断创新工作机制，实现了党建工作与赈济救护同频共振。

赈济救护部党支部落实会党组提出的“两项正向激励”和“两项反向督查”，即：评选优秀党员、我身边的好党员和大力宣传业务工作亮点；加强工作纪律、目标任务完成情况督查。“党员同志们以不断增长的人道需求为目标，以解决最易受损人群境况为己任，其实就是践行全心全意为人民服务的宗旨。”党支部党员艾国章说。

“近期出差多，同时在组建全国应急救护大赛湖北参赛队，现在汇报一下个人思想情况。”在支部书记王朝晖办公室，党员冯军团在落实

应急救护培训走进高校，中南民族大学6000名新生参加培训

思想动态汇报制度。关心每一名党员的思想动态，对工作、家庭有特殊困难的党员及时关心，引导党员带领职工积极创先争优，推动形成比学赶超的浓厚氛围。这是赈济救护部“四抓四促”支部工作法的一部分。抓党内生活执行，促全员参与；抓活动载体创新，促全员学习；抓关心关爱党员，促全员激励；抓工作责任落实，促全员履职。

针对“博爱家园”、景区红十字救护部、博爱卫生站等项目实施，仅2017年上半年，党支部就组织9次工作调研，分组分片检查、督导、验收、协调，着眼绩效量身定制“六项调查”，向服务对象和基层同志问卷、问计、问效，掌握项目现状，总结经验亮点，查找问题不足，探讨研究问题，实行面对面服务与业务指导。

党支部建立了符合红十字工作实际的议事规则，有关项目安排、救灾物资分配和重点工作部署等事项须经支委会集体讨论；建立了符合红十字工作实际的管理机制，把每个人道项目、每笔募集善款、每批救灾物资都关进制度的笼子里进行管理；建立了符合红十字工作实际的党建工作制度，把“诵读党章和重温入党誓词”作为硬性内容，把“红十字人宣誓”作为有效形式，党支部的凝聚力和向心力得到显著加强。

省红十字会党组成员、专职副会长张钦说：“他们坚持把绩效指标完成率、群众满意度和领导认可度作为衡量工作成效的‘三把尺子’，引导党员干部勤于落实、善于服务、精于业务，在推进应急救援、人道救助、应急救护培训、项目建设和募捐筹资中找准‘战位’，擦亮党员身份。”

有一种实践，叫作“心系民生”

他们在改革创新中服务。作为红十字核心业务的承载部门，赈济救护部党支部围绕省会党组“补齐短板促改革”的总体思路，参与300个基层红十字组织建设试点任务，稳妥实施150万元财政资金，利用省市县三级红十字组织联动机制，有效识别，精准救助；借助外脑开展课题研究，组织撰写社区人道需求报告，争取获得政策性制度性安排。

他们在关键时期加强服务，认真筹划了第19个“红十字博爱送万家”活动，指导全系统多方筹集款物价值433.81万元，依托全省工作网络，层层发动志愿者，在2017年年关为全省85个县（市、区）的9700余户贫困受灾家庭每户送去温暖。

他们在坚持特色中服务。“一箱小小的尿不湿算不上什么大宝贝，但是它解决了我们家最头疼的事情”，黄冈市黄州区重度失智老人宋春先的老伴陈堂友，在参加省红十字会“红十字故事汇”活动中，以方言表达谢意。“失智老人关爱”项目每月为814位重度困难失智老人配送护理用品。

“每个梦想都值得呵护”，曾两度参与“圆梦行动”项目报道的省电视台综合频道记者张小娟说。至今，“圆梦行动”项目累计资助400余位贫寒学子，助他们圆梦大学。

依托临时救助金资助求助困难群众121人；救助人体器官捐献困难家庭142人，共计1094万元；投入1130万元实施“博爱家园”等6大类53个人道项目；选派得力党员常驻扶贫点大坑村，调拨价值300万元的款物助力扶贫攻坚，完善村小学基础设施，实施光伏发电项目帮助村民增收……

“在党旗的指引下，湖北红十字人默默穿行在楚水巴山，赈济救护，扶危济困。红十字会工作已日益成为推动湖北经济社会文明、进步、和谐的一支重要力量，让人道关怀成为社会不可或缺的温度。党旗的红和红十字的红，在他们身上交织成别样的‘红’。”省红十字会党组书记、常务副会长宋悦明说。

（本文刊于2017年6月30日《中国红十字报》）

四、发言摘录

敬畏困难群众

“什么是作秀，什么是真正联系群众，老百姓一眼就看出来了。”习近平总书记日前视察武汉市民之家时的讲话，点明了反对“四风”的关键，对红十字工作者也是一种响亮的警醒。

红十字会作为党和政府在人道救助工作领域的重要助手，秉承人道为民的宗旨，着力改善最易受损害群体的境况，传播国际红十字运动和人道法基本知识，守卫生命、伦理、道德的底线，弘扬“人道、博爱、奉献”的红十字精神。在这个过程中，红十字人始终把困难群众和弱势群体作为服务对象，作为一切工作的出发点和落脚点。群众最务实，最讲究实际，对作秀自然是“一眼就看出来了”。

做人民的公仆，应该以人民意愿为最高标准；群众路线教育实践活动成效，更应让群众来评判。红十字会工作者应该摒弃侥幸心理，反对作秀、走过场，应以敬畏群众的心态、整风肃纪的精神、触及灵魂的态度，增进感情、增加分量、拉近距离，踏踏实实地解决困难群众的切身利益问题。

近年来，省红十字会围绕中心、服务大局，关注民生、服务群众，带领全省红十字会工作者共同推进红十字事业发展，走出了一条践行群众路线、符合省情会情的跨越发展之路。这几年，通过陪同会领导深入基层调研，参与组织相关活动、应急值守，俯身服务群众的实践，我站在省红会机关工作人员的视角，在如何服务困难群众的问题上有一些感悟。

感悟之一：在谋事上，“顺应+坚定”。顺应群众期盼，坚定不移解放思想抓发展。

省红十字会一直抢抓“五个湖北”建设的机遇，坚持依法治会、依法履职，转变工作方式，从实际出发，着眼长远，敢于突破条条框框和体制机制方面的障碍，积极探索，大胆创新。

在思路上，形成“3345”的总体思路。即“三个注重”“三个加强”“四个抓好”和“五个突破”的总体思路。

在规划上，编制并与省发改委联合印发《湖北省红十字事业发展2011—2015年规划》。

在举措上，大力推进“4321”工程，即着力推进“四个建设”、积极构筑“三个中心”、努力打造“两个品牌”、奋力实现“一个目标”。

在机制上，形成完备的管理、协调和保障机制，推动形成了“社会化、开放式”和“小机关、大团体”的工作格局。

荆州市红十字会向洪涝灾害受灾安置点群众发放红十字家庭包

感悟之二：在做事上，“回应+坚守”。回应群众关切，坚守本色为民清廉转作风。

省红十字会连续14年开展“博爱送万家”活动；近两年开展“魔豆”爱心工程，帮助145位困难或残疾母亲争取220万元网上开店；帮助112名白血病和先心病患儿通过“小天使基金”和“天使阳光基金”争取救助金336万元；利用省广电红十字爱心基金帮助百名贫困大学生助学圆梦；制定《省红十字会应急救助办法》，接待来信来访困难群众800人次，救助227人，发放救助金79.8万元；造血干细胞捐献者资料库入库资料累计5.6万人份，累计捐献139例，中华骨髓库首批向世界骨髓库上传代表最佳库容的数据5万人份，湖北贡献1万人份；开展“救在身边”应急救护主题公益培训“五进”（即进机关、进社区、进学校、进企业、进军营）活动，为42.47万人次普及自救互救知识与技能。

完善管理制度16个，制定贯彻落实八项规定的《实施细则》，出台19条具体规定；由省红十字会领导带队，分组分片开展工作调研，掌握基层红十字会各项工作开展现状，服务、指导、推进基础工作，实地察看红十字项目，指导基层因地制宜开展有优势、有特色的工作；实行面对面服务与业务指导，凝聚基层智慧破解发展难题。省红十字会机关服务基层、服务困难群众的作风得到明显改善。

感悟之三：在推进上，“呼应+坚持”。呼应群众诉求，坚持不懈以人为本惠民生。

半年工作座谈会关于下半年的工作安排已经明晰，就是要认真开展红十字会核心业务，夯实基层工作阵地，提升放大工作效应，具体在“两个推进”“三个抓好”“四个加强”上下功夫，即加快推进《湖北省人体器官捐献条例》立法进程；全力推进社区红十字工作取得新突破；全面抓好引进项目、应急救护培训核心项目和博爱家园项目的实施；继续抓好管理体制理顺工作；着力抓好志愿者队伍建设；加强人体器官捐献和造血干细胞捐献；加强应急体系建设和应急救护培训标准化建设；加强与政府相关部门、上级红十字会、爱心企业和爱心人士的联系；加强与理事成员单位的联络，提升红十字会知名度和影响力。

今年，是我从事红十字工作第四年，深切感到：人道非简单的慈善，而是一件非常复杂专业的事情。慈善是爱心人士捐钱了事，人道主义则是一门“技术活”，需要很多专业的技术，救灾的技术、援助的技术、资源分配的技术、发展规划的技术。纵观历史，《日内瓦公约》及其附加议定书，是全世界缔约最多的一个国际公约，共有195个国家和地区参加，国际红十字运动有150年的组织发展历史，在中国已经接近110年了。中国红十字会“三重赋权”的法律性、关注民生的普遍性，决定着红十字事业不断向前发展是历史大势，改革和发展是两大永恒的主题。我们每个人都应该不断完善贯彻群众路线的方式方法，首先，从思想认识上，进一步坚定自己是一名专职红会工作者，更是一名群众工作者的理念；第二，从内心情感上，深怀对困难群众的敬畏；第三，从职责要求上，一丝不苟、认认真真，做好分内的工作；第四，从工作实践上，坚持从小事做起，从当下做起，聚沙成塔，汇爱成河，为人道事业贡献绵薄之力。

（本文系作者2013年8月28日在湖北省红十字会机关党的群众路线教育实践活动研讨会上的发言）

严以修身　让人道祛除心灵雾霾

“严以修身”是古时君子的第一要求。回望红十字运动在中国110多年的发展历程，始终将公开透明和公平公正作为重要原则，它所倡导的“人道、博爱、奉献”的红十字精神，业已提升为“人道为本、博爱为怀、奉献为荣”的红十字文化，发展为“尊重生命、敬畏生命”的文化力量，修炼为“上善若水、厚德载物”的文化品格。由它熏陶和感染的红十字人，一直严以修身，博爱群众，奉献自我。一方面自觉遵守法纪条规、廉政准则；另一方面也在不断提升个人道德修养，把珍视荣誉、清廉个人的德行当成立身之本、为人之道、处事之基，当成“必修课”和“生命线”，当成人道路上的“总开关”。

作为一名从事人道工作的党员干部，要“日三省其身”，让自己的心安静下来、干净下来，排除“心灵之毒”，祛除“心灵的雾霾”，自觉践行“三严三实”，在“五要”上下功夫。

要坚定献身人道事业的信念

“人道、博爱、奉献”的红十字精神，始终拒绝私利与诱惑，体现着人类对美好生活的追求和向往，既是人类最基本的道德良知，又是人类社会共同的道德高地和精神财富。这就要求红十字会党员干部必须坚持正确的世界观、人生观、价值观，坚守共产党人的精神追求，坚定对中国特色社会主义和共产主义的信念。而牢固树立崇高的信念，需要始终如一播扬“人道、博爱、奉献”，始终如一为党的事业不懈奋斗，始终如一彰显自身的价值，夯实思想基础，永葆精神品质。只有把热心人道、痴情人道、扎根人道、献身人道作为忠贞不贰的信念，作为精神之“钙”，才会在精神上“不缺钙”，才不会得“软骨病”，从而为推动红十字事业向前发展挥洒自己的热血与青春。

要忠诚履行人道救助的使命

“人无忠信，不可立于世”。追逐人道梦，秉承人道为民的宗旨，服务困难群众与弱势群体，是红十字会始终如一的使命。这就要求红十字会党员干部必须忠诚于个人选定的事业，忠诚于上级的决策部署，忠诚于困难群众的人道诉求；敢于担当，乐于奉献，脚踏实地，苦干实干；人道路上，诚实、务实、求实、扎实，一事一落实、一步一脚印，从小事做起，从当下做起，聚沙成塔，汇爱成海，在献身使命中奉献自己的赤胆忠心。

要始终敬畏人道工作的岗位

“什么是作秀，什么是真正联系群众，老百姓一眼就看出来了。”习近平总书记视察武汉市民之家时的讲话，对红十字工作者也是一种很响亮的警醒。人道非简单的慈善，而是一件非常复杂、专业的事情。慈善是爱心人士捐钱了事，人道主义则是一门“技术活”，需要救灾的技术、援助的技术、资源动员分配的技术、发展规划的技术，等等。这就要求红十字会党员干部必须把困难群众和弱势群体作为服务对象，作为工作出发点和落脚点，树立正确的政绩观，热爱、敬畏自己的岗位，热爱、敬畏困难群众，恭敬、严肃地对待自己的工作，忠实履行自身职责，恪守职业道德规范；顺应群众期盼，回应群众关切，呼应群众诉求，勤勉尽职、一丝不苟，踏踏实实地解决困难群众的切身利益问题。

要积淀形成包容大度的情怀

虚怀若谷，是党员干部必备的一种宽广胸怀。人道为民，更需要大爱，需要在履行职责中海纳百川、有容乃大、宽以待人、包容大度，而不可目空一切、高高在上、搞“一言堂”，更不能听不进不同意见、容不得人。人道事业汇集各方资源，搭建爱心平台，这就要求红十字工作者更要心境宽广、视野开阔、广交朋友、广结人缘，但也要谨慎交友，多交患难朋友、仁爱朋友、“心灵知己”，拒绝“酒肉朋友”“利益朋友”。

要严格接受人民群众的监督

光明磊落，阳光履行职责，不惧批评，敢于接受监督，这是红十字人的职业操守。这就要求红十字会党员干部必须时刻亮出清廉这把“道德标尺”，“阳光”行使好募集款物的使用权、分配权、处理权，采购、发放救灾救助物资做到全程监督、程序到位；严格执行红十字会“两公开两透明”和“面向社会九条承诺”，及时回应社会关切；坚持把自身置于群众和组织的监督之下，让“权力”在阳光下运行；在博爱、奉献中牢牢守住“廉政”这条底线，以党风廉政建设的要求和律己清廉的言行一致取信于群众。

红十字会行业特殊、岗位特殊、部门特殊，在艰辛而繁重的人道实践中，红十字工作者需要激情、热情和痴情，更需要“蜡烛”般的奉献精神。放开手脚，同时必须自重、自醒、自警、自律，始终扎紧“制度的笼子”，砥砺并最终形成高度自觉的政治纪律和廉洁自律意识，践行“三严三实”，去除“心灵雾霾”，在人道事业中筑梦、追梦、圆梦。

（本文系作者在2015年湖北省红十字会机关“三严三实”专题教育研讨会上的发言提纲）

关于促进我省红十字事业发展的建议

近年来，作为党委政府在人道工作领域的得力助手，全省各级红十字会扎实推进“三救”（救灾、救助、救护培训）“三献”（遗体和人体器官捐献、造血干细胞捐献、无偿献血）等红十字核心业务，实现了地方立法、政策制定、人道救助、应急救护培训、“三献”工作、对外合作交流、创先争优的突破，红十字事业获得了长足发展。近两年募集救助款物总计8694万元；引进项目共计48个，价值超过1300万元；帮助52名贫困白血病、先心病患儿争取中国红基会161万余元救助资金；争取220万元帮助145位困难或残疾母亲网上开店；2012年接访500人次，救助195人，发放救助金71万元；为100名贫困大学生发放助学金50万元；与武汉仁爱医院联合建立“湖北红十字仁爱救助基金”，对方出资100万元；与仟吉食品合作向社会募集1万床棉被，为神农架高原地区的贫困学子送去温暖。培训救护师资共计2163人次、红十字应急救护员23865人次，普及培训共计42.47万人次。2012年，造血干细胞捐献者资料库湖北分库入库资料累计5.2万人份，新增1万人份，同比增长25%；累计实现捐献121例，新增33例，出库率高于国家标准57%；登记捐献遗体累计1767人，捐献器官19例，眼角膜28人，皮肤4人；动员全省无偿献血60.39万人次，同比增长63%，宣传预防艾滋病知识33.5万人次，同比增长15%。红十字会在保护人的生命和健康、维护人的尊严、促进社会公正和谐等方面发挥了独特作用。

一、影响和制约红十字事业科学发展的主要因素

（一）法律层面比较滞后

《中华人民共和国红十字会法》（以下简称《红十字会法》）于1993年颁布实施，《湖北省实施〈中华人民共和国红十字会法〉办法》（以

下简称《实施办法》）于1996年颁布实施。近30年我国经济持续高速增长，社会全面转型，红十字事业发展面临全新的环境，亟待对《红十字会法》和《实施办法》进行修订、补充、完善，为红十字事业发展提供完备的法律依据。现行《红十字会法》存在诸多现实缺陷，无法有效调整红十字事业发展中的相关关系。例如，红十字会与其他社团组织的关系、红十字组织与志愿者的关系、红十字会总会与地方分会的法律关系，以及红十字会组织的运行规范、信息公开等，均急切需要通过修订、补充有关法律内容才能提供清晰的法律依据。

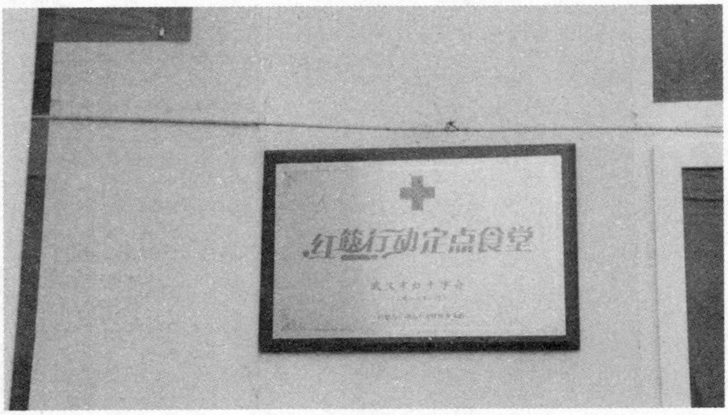

为帮助特困家庭的学生顺利完成学业，湖北省武汉市红十字会于2016年启动“红筷行动”公益助学项目，在武汉市远城区选取3所小学试点，全额资助学校贫困生在校就餐。图为武汉市黄陂区油岗小学食堂冠名挂牌

（二）基层管理体制尚未理顺

省红十字会在“三救”“三献”等核心业务上与中部地区省级红十字会相比优势明显，但管理体制理顺的差距也很明显。全国市级红十字会体制理顺率超过96%，我省仅武汉、十堰、神农架林区红十字会实现独立建制，其余14个市、州、直管市均未理顺，实际理顺率仅17.6%；全国县级红十字会理顺率超过53%，我省发文理顺率仅37.9%。目前推进的工作十分艰难，阻碍了红十字会各项工作的顺利开展。

（三）人才资源缺乏

目前，基层红十字会人员的结构、素质、能力与形势发展和职责要求

恩施州巴东县茶店子镇南坪村红十字博爱家园安全饮水工程，解决了该村 250 人的生活用水困难

还不相匹配。一是各级红十字会专职人员配备数量少。市州红十字会中，11 个配备 5 名以下专职工作人员，占 64.7%；2 个尚未配备专职领导，占 11.8%。人员编制在中部地区处于偏下。二是人员编制性质不统一，属行政编制 6 个，占 35.3%；属事业编制 9 个，占 53%；未定性 2 个，占 11.7%。三是人员结构不合理。结构老化，流动性少，严重影响干部积极性和工作效能。四是人员配备不到位或编制被占用等现象严重。除通山县红十字会外，各县（市、区）均无专职人员，不具备开展工作的基本条件。

（四）可持续的筹资机制不健全

当前，覆盖城乡的社会保障和社会救助体系虽已基本建立，但仍有许多困难群众需要社会关爱与救助。与媒体、医疗机构、企业等推进合作不够，发挥红十字基层组织优势，挖掘整合社会人道力量，募集社会资金和项目有差距；筹资效益滞后于人民群众的人道需求，募捐筹资机制的创建和创新不够，没有走上多渠道多模式筹集资金的路子，筹资平台有限，常态与应急相结合的筹资体系不完备，尚未实现由事件性、专项性、偶然性为主的捐赠转化为常规常态、合作共赢、稳定长远的长效筹资机制；救助理念不够创新、救助领域拓展不够，打造红十字公益品牌项目有欠缺；缺乏资金来源，救助实力不强，难以满足困难群众对红十字会人道救助的巨大需求。

2017 年 6 月 7 日，宜昌市红十字会接收宜昌人福药业有限责任公司捐赠的价值 2200 万元的医疗设备器械，此举刷新了全省红十字会系统单笔接收捐赠款物的最高纪录

2015 年 9 月 23 日至 24 日，中国红十字会副会长郭长江（右一）考察了湖北省武汉东湖生态旅游风景区红十字救护站。他强调，要按照方便快捷、功能实用的原则规划好、建设好救护站，使救护站能够在保护游客及周边居民生命健康安全方面切实发挥作用；要结合日常应急救护培训，广泛深入地传播红十字精神，让红十字精神渗透到群众日常生活中

（五）群众性应急救护培训普及率偏低

随着经济社会的快速发展，突发事件呈现多发、易发趋势，各种自然灾害和意想不到的事故随时袭击人们脆弱的生命。开展应急救护培训，使广大市民掌握最基本的应急救护知识技能，在意外伤害发生时能及时正确地自救互救，最大限度地减少伤残、挽救生命，是一项以人为本的基础性社会工程，对促进和谐社会建设意义重大。在发达国家，防灾减灾、应急救护知识和技能的普及率都很高，冰岛为75%，德国和奥地利达80%，挪威甚至达到95%以上，德国还将防灾减灾等安全教育作为国民教育的基本内容。目前，我国每年急救知识普及人群约1000多万，普及率仅为1%，与发达国家50%的平均普及率相差甚远。2012年，我省应急救护培训42万人次，普及率仅为0.6%。培训的硬件设施薄弱，在行业中推进应急救护培训有欠缺。

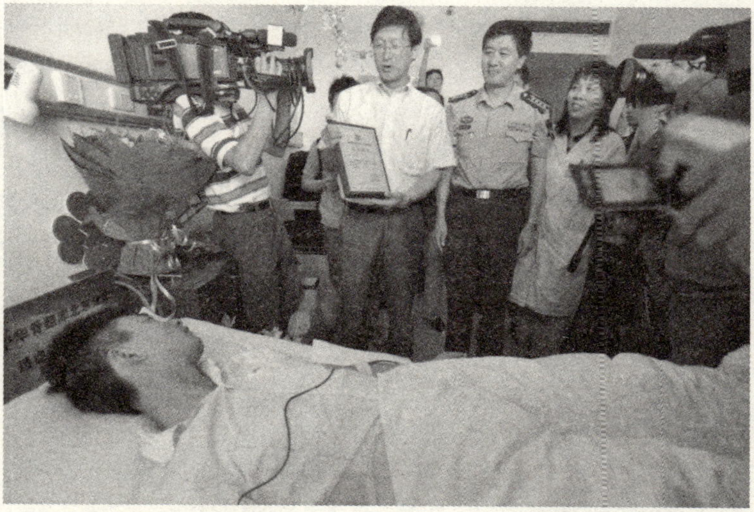

2011年7月，时任中华骨髓库管理中心主任洪俊岭为湖北捐髓群星之一的“弃考捐髓”大学生田强颁发荣誉证书

造血干细胞和遗体器官捐献体系不完善。伴随着现代工业的快速发展，血液病患者日益增多。现代医学对血液病的治疗多应用激素、化疗等方法，但副作用大，病人治愈率低且易复发。1957年，美国华盛顿大学多纳尔·托马斯发现正常人的骨髓移植到病人体内，可以治疗造血功能障碍，原因是骨髓中含有多能造血干细胞，具有高度自我更新能力。

这一技术很快得到全世界的认可，并已成为治疗白血病等血液病的主要手段。目前，德国骨髓库库容量444万人份，占总人口的5.4%；美国骨髓库库容量642万人份，占总人口的2.08%；巴西骨髓库库容量达255万人份，占总人口的1.34%。截至2011年，中华骨髓库库容量146万人份，占总人口的0.11%，实现捐献600例。我国造血干细胞移植需求量近100万。与其他国家相比，中华骨髓库库容量和出库率均不高。湖北分库在起步较晚的情况下，截至2012年底库容量5.2万人份，占总人口的0.08%，实现捐献33例。捐献志愿者中，学生占40%，工人占20%，医务人员和公务员各占10%。工薪阶层、适龄阶层和固定捐献者比例偏低。

目前，我国人体器官移植总量仅次于美国，居世界第二位，每年约1万例。但器官捐献形势依然不容乐观，器官来源的严重不足始终是困扰我国器官移植事业的最大问题。公开数据显示，我国每年有近100万终末期肾病患者，其中相当一部分人需做肾移植，但2011年全年进行的肾移植手术还不到4000例。另外，我国每年有30万终末期肝病患者需做肝脏移植，但2011年肝脏移植总数还不到1500例。建立完善的器官捐赠体系，是改变器官供求不平衡，最大程度挽救病患者生命的一条根本出路。2007年5月，国务院颁布实施《人体器官移植条例》，器官移植工作逐步走上了法制化、规范化发展轨道。但是目前，器官移植供

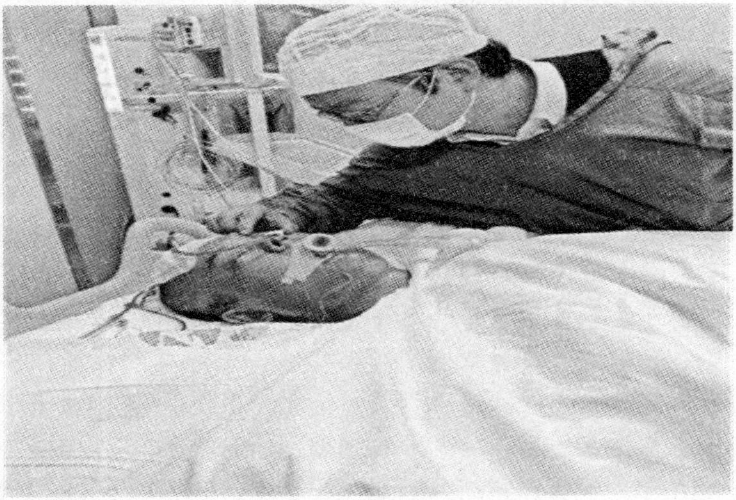

英雄押钞车司机陈刚义捐器官，挽救了5人生命

体不足、传统观念束缚、捐赠程序烦琐、器官捐赠司法受阻、缺少具体捐赠法规的现象仍然存在。2009 年 8 月，卫生部委托中国红十字会负责全国人体器官捐献的宣传动员、报名登记、捐献见证、缅怀纪念等工作，目前已在全国铺开。但是，中国红十字会参与器官捐献工作仍然面临着一些亟待解决的问题，特别是缺乏独立的法人机构来负责推动该项工作开展，在全国也没有形成器官捐献工作网络体系，全社会对开展这项工作缺乏广泛的宣传和认同，这些都制约了该项工作的进一步开展。

（六）许多基础性、系统性、规范性工作薄弱

全省红十字会系统许多基础性、系统性、规范性工作基础差、底子薄。一是财政经费普遍不足。以 2011 年为例，市州红十字会中，财政经费支持 10 万元以下有 7 个，占 41%，其中 3 个无财政拨款。二是办公条件较差。除宜昌市、黄冈市红十字会有独立办公场所外，其余均只有 1 ~2 间办公室。三是缺乏工作必备的交通工具。四是县（市、区）级红十字会均无办公用房，办公条件比较艰苦。五是受管理体制制约，红十字业务工作、人员激励、志愿服务等缺乏创新机制。六是各地红十字会对《红十字会法》和公益宣传力度不够，红十字会的社会知晓度和参与度还不够高，社会影响力尚未充分显现，工作开展面临的难度较大。

三、加快红十字事业发展的建议

（一）加紧修订《红十字会法》和省《实施办法》

进一步明确 4 个方面的内容：一是红十字会的法律地位和法定任务；二是具体适用的财务制度、审计制度、行政成本控制比例和公益支出适用范围、增值保值规则等内容；三是国家对红十字事业支持政策的力度，增加国家财政支持、税收优惠（包括红十字会自身收入免税和捐赠人公益捐赠税前扣除）、政府采购公共服务以及其他支持和培育方面的内容；四是社会捐赠运行成本提取比例，以便让公众了解红十字会的运行是否符合法律规范。增加 7 个方面的内容：关于会员资格和权利义务、会员大会职责及议事规则、理事会职责及议事规则、监事会职责及议事规则、执行委员会职责及议事规则、高级管理人员的权利义务和责

任、利益冲突规则和信息公开制度等，以优化红十字会的治理结构，确保其履行对国家和社会公众的责任。

（二）全面实施“人才兴会”战略

人才靠培养、人才靠激励、人才靠舞台。一是各级党委组织部门要更加注重基层红十字会领导干部配备，更加注重红十字会干部的教育与培养，将红十字会干部队伍建设纳入全省人才工程范畴。二是支持红十字会引进懂经济、能开拓、善做群众工作的专职干部。三是探索与专职人员、聘用人员、志愿者群体相适应的人才管理制度，打造多层次、多领域的专职干部队伍和会员志愿者队伍。以事业吸引人，以感情留住人，以待遇激励人，以人性化管理提升人，广泛凝聚推动红十字事业科学发展的智力支持。

2017 年 3 月 26 日，湖北省红十字会与江苏省苏州市湖北商会召开“人道公益合作”座谈会，双方签订人道公益合作战略协议。2016 年湖北发生特大洪涝灾害后，苏州市湖北商会及所属企业、企业爱心人士捐款 10 万元驰援家乡抗灾

（三）健全募捐筹资长效机制

进一步认清募捐筹资的机遇与优势。一是筹资捐赠过程公开透明。扎实做好做实筹资捐赠的每个步骤，引入社会力量监督，吸引社会关注，通过立体的宣传报道，提升红十字会公信力，为筹资工作创造健

康、友善的筹资外部环境。二是尝试发展筹资志愿者队伍。发挥筹资项目部门作用，建立健全开放式社会化筹资机制，充分发动发展志愿者队伍，尝试引进有技术、有资源的志愿者，为红十字会筹资工作提供人力和智力支持。三是不断完善筹资管理。从筹资信息收集、捐赠者的沟通到项目制定、执行、监督、结果以及反馈等细节入手，建立完备的筹资制度，落实各项管理制度，提高筹资管理水平。四是打造公益项目品牌，建立捐赠者数据库。按照民生优先、红会特色、雪中送炭、量力而行的原则，支持打造红十字会公益品牌，切实做好捐赠人基础信息数据库工作，将潜在捐赠对象转化为现实的捐赠对象，将已捐赠的对象转化为可持续的捐赠对象。打造个性化服务，巩固和发展长期稳定的爱心力量。五是创新拓展捐赠范围，争取援建项目捐赠。顺应市场经济条件下涌现的多种财富形式，拓宽思路，研究、尝试将土地使用权、房屋所有（租赁）权、知识产权、广告服务等财产纳入筹资范畴。通过优质的服务、成熟的项目操作模式、过硬的项目质量和群众口碑，争取爱心企业和个人的项目援建。

（四）大力提升应急救护培训普及率

一是深入推进“国发 25 号”和“省委 3 号”文件贯彻落实，在全社会形成重视、关心和支持应急救护培训的环境和氛围。二是按照《中国红十字会救护培训大纲》规定，开展现场的、初级的、群众易于掌握的应急救护知识和技能培训，形成政府牵头、各部门配合、社会民众参与的初级应急救护培训新格局，有效提高群众性自救互救知识与技能的普及率。三是大力实施公益性应急救护培训项目，拓展与深化“五进”活动（即进社区、进学校、进企业、进农村、进机关），支持作为全省服务民生十件实事内容。四是通过政府设立、扶持购买等方式，命名一批培训基地，为开展应急救护培训提供场所；在区县街乡建立一批避险逃生、自救互救活动基地，使应急救护培训常驻基层社区、乡镇。五是在各类媒体定期发布公益广告，使人们能够在关键时刻积极自救互救，保护生命安全；通过加强复训和联系，建立庞大的应急救护师资队伍，并编辑出版适应包括公务员、窗口单位、特殊行业、青少年等广大市民在内的应急救护培训教材。六是各级政府和有关部门进一步加大对应急救护培训工作的投入力度，在人力、物力和财力方面给予支持，建立财政经费常态保障机制，为创建中国特色世界城市做好应急工作。

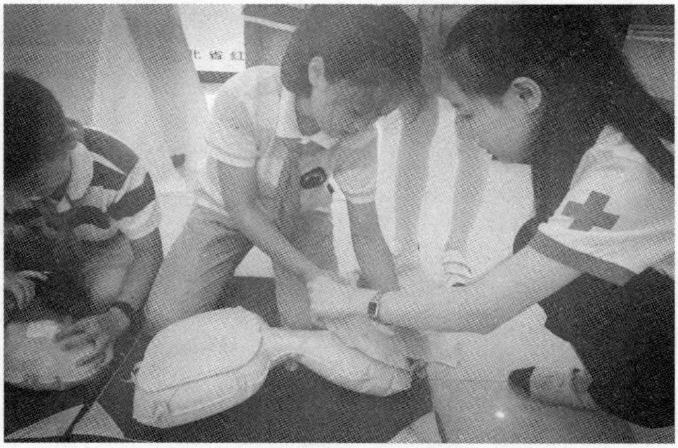

在世界急救日期间，湖北省红十字会在武汉外国语学校组织应急救护培训，工作人员手把手教孩子们学习急救知识与技能

（五）进一步创新“三献”工作体制机制

一是在自愿、无偿的原则下，加大在适龄公务员和企事业职工、大学生等群体中开展造血干细胞、器官捐献和无偿献血宣传动员的力度，争取更多人参与“三献”工作。二是建议省人大加紧出台《湖北省遗体和器官捐献条例》，编制、财政等部门效仿国家部委，支持设立省人体器官捐献管理办公室，作为独立的法人机构，开展人体器官捐献的宣传动员等相关工作。三是建立捐献基金，对贫困的捐献者家庭给予人道救助，比如解决医疗欠费、丧葬费等。

利用“5·8世界红十字日”纪念活动，天门市红十字会现场招募造血干细胞捐献志愿者

（本文系作者2014年1月撰写的调研报告）

省红十字会关于志愿服务立法建议的报告

近年来，湖北省红十字会依照《中华人民共和国红十字会法》《中国红十字会章程》《中国红十字志愿者服务管理办法》和《湖北省实施〈中华人民共和国红十字会法〉办法》等相关制度规定，积极开展红十字志愿服务工作。省红十字会就志愿服务立法提出如下建议。

一、依照《中华人民共和国红十字会法》等制度规定，积极推进红十字志愿服务工作

按照省红十字会总体工作安排，重点推进组织建设、基地建设、品牌建设、能力培训、服务行动、宣传激励等工作，明确职责，健全机制，有序推进，初步实现了“四有”目标：有稳定的红十字志愿服务队伍、有规范的管理制度、有特色的志愿服务品牌、有固定的志愿服务基地。红十字志愿服务工作科学化、规范化、专业化、社会化、常态化水平不断提升。

（一）推进红十字志愿服务组织建设

一是调整省红十字志愿服务工作委员会。按照省红十字会执委会研究的意见，发文调整了省红十字志愿服务工作委员会；督导各市、州红十字会成立相应的红十字志愿服务工作委员会。

二是成立省红十字“志愿者之家”和志愿服务总队。挂牌成立省红十字“志愿者之家”；成立“省红十字志愿服务总队”，任命总队长、副总队长，总队长由省红十字会事业发展部专职干部担任，副总队长在志愿者中产生。

三是完善了红十字志愿服务队建设。规范志愿服务队设置，结合红

十字“三救、三献”核心业务，重点组建完善应急救援、应急救护培训、健康关怀、人道救助、造血干细胞捐献、人体器官捐献、无偿献血宣传、艾滋病预防、红十字精神传播等9个方面的志愿服务队，初步实现组成合理、分工明确、相对稳定、专业对称的格局。省红十字会本级已组建完善5～7支核心志愿服务队，各市、州均组建完善了2～3支核心志愿服务队，同时各县（市、区）也要组建完善1～2支核心志愿服务队。

四是加强志愿者招募、注册、登记管理。完善“红十字志愿服务管理系统平台”建设，全面实行志愿者网上登记和管理，依托系统平台建立个人服务档案，初步实现管理工作科学化、制度化和规范化。

来自全省各高校的近50名学生参加了为期5天的湖北省“青年善行”——红十字青少年夏令营活动

（二）推进红十字志愿服务基地建设

各市、州红十字会以博爱卫生院（站）、冠名红十字（会）医院机构、敬老院（福利院）、孤儿院、麻风病院、艾滋病医院、献血屋、遗体器官捐献者纪念园等为载体和平台，挂牌建立多样化、覆盖广的红十字志愿服务基地，统一基地名称，为志愿者提供活动平台和依托。目前，各市、州正推进建立1～2个具有红十字特色的志愿服务基地。在建立志愿者服务基地的同时，加强基地的规范管理，要求市、州红十字志愿服务工作委员会指导各红十字志愿服务基地建立操作性强的志愿服务制度、科学管理模式和规范性工作流程，做到工作有计划、有总结、有激励，活动有载体、有经费，基地管理有责任人。

红十字博爱周期间，神农架林区红十字会在中心街开展宣传活动

（三）推进红十字志愿服务品牌建设

一方面，创建特色服务品牌。在继续巩固红十字志愿服务传统领域的同时，选择凸显红十字会宗旨、弱势群体迫切需要、政府一时顾及不到或不便出面、其他社团或组织还没有覆盖的领域，进一步拓展具有红十字优势的志愿服务品牌和队伍，提升并形成红十字志愿服务特色性的社会效应。近年来，全省红十字会系统合力打造“博爱”“天使”“魔豆”等品牌。今年“5·8 世界红十字日”，全省红十字会系统统一开展“红十字在行动”主题系列宣传活动，有力提升了红十字会社会影响力。

另一方面，策划相关活动。省级层面，近两年，先后两次派出中国红十字（湖北）供水救援志愿服务队赴省内通城、四川芦山参与救援行动，以优质的水源缓解了灾区部分民众和救援部队紧急阶段的用水困难，以好服务获好评，不仅获得当地民众、政府、部队的赞誉，而且获得国际联合会东亚代表处官员的充分肯定和总会领导的高度评价；“救在身边应急救护培训志愿服务队”深入社区和行业开展救护知识与技能培训；“湖北省红十字会心理救援志愿服务队”开展集中业务培训；“造

十堰市丹江口市红十字应急救护服务队积极投身公益活动，圆满完成由水都单车俱乐部承办的2016年“湖北·金伏建工杯”自行车环丹江口水库景观路公路比赛服务工作，赢得参赛选手、赛事组委会、承办单位及市直相关部门的肯定，展示了红十字志愿者的风采

血干细胞捐献志愿服务队”开展造血干细胞捐献知识宣传与动员；“人体器官捐献志愿者服务队”开展缅怀纪念和“器官捐献，生命永续，弘扬人道，彰显博爱”主题宣传活动；“武汉阳光职业培训学校志愿服务队”开展弱势群体再就业公益培训。

基层层面，各红十字志愿服务基地根据服务对象需求，向志愿者发布信息，提供服务岗位，灵活有效地开展志愿服务。武汉市等红十字会深入社区开展“重度失智老人救助”“应急救护培训”志愿服务活动，与百步亭社区开展“红十字志愿服务进乡村”活动。十堰市红十字会深入东风公司专业厂举办“红十字·救护和防病知识”培训。荆门市红十字会筹建“红十字心灵驿站”心理辅导工作室及爱心热线，依托专业团队为有心理健康问题的人群和艾滋病患者提供咨询志愿服务。恩施州红十字会依托5支分队深入开展无偿献血、健康关怀、法律援助、人道救助、新闻宣传志愿服务活动。鄂州市红十字会开展“健康鄂州——创建国家卫生城主题志愿服务”活动，深入社区、养老院、托幼机构（聋哑学校）开展“亲老亲幼关怀”志愿服务活动。

（四）推进红十字志愿者能力培训

一是省红十字会为各市、州红十字志愿服务工作委员会配发了总会统一编写的志愿服务培训教材；二是各市、州红十字会组织开展专业和骨干培训，在社会服务领域侧重于社区红十字志愿者培训，在业务工作领域侧重于人道救助、应急救援、募捐筹资和“三献”方面；三是各志愿服务队组织开展基础培训，培训侧重于红十字运动知识、红十字志愿服务组织建设等。

（五）推进红十字志愿服务行动

近年来，省红十字会选择凸显红十字会宗旨、弱势群体迫切需要、政府和其他社团尚未覆盖的领域，按照“典型导向、辐射地市、引领推进”的要求，推进志愿服务进社区、灾区、山区、特殊困难家庭、社会大型活动。志愿服务项目与活动始终聚焦弱势群体、困难群众，志愿服务的终极目标始终聚焦民生、百姓福祉。全省现有65支红十字志愿服务分队，在募捐筹资、救灾救助、救护培训、人道传播中发挥着重要作用。仅上半年就先后组织或参与了“社区牵手农村”、“5·8世界红十字日”、陪伴患病儿童、社区心理咨询服务、“春天垒上行”、关爱“魔豆妈妈”、“邻里守望”等志愿服务活动，展示了红十字志愿者的风采，擦亮了红十字志愿服务品牌。全省有1名红十字志愿者荣获全国“杰出红十字志愿者”称号，3名红十字志愿者荣获全国“优秀红十字志愿者”称号，中国红十字（湖北）供水救援志愿服务队被评为全国“优秀红十字志愿服务队”，获奖人数和单位位居全国红十字会系统前列。去年有6名红十字志愿者获第二届“湖北省优秀志愿者”荣誉称号，中国红十字（湖北）供水救援志愿服务队、荆州市红十字会志愿服务队获第二届“湖北省志愿服务活动先进集体”荣誉称号。

（六）推进红十字志愿服务宣传与激励

一方面，组织相关宣传活动。借助主流媒体，利用自有媒体，及时宣扬红十字志愿服务中的感人场面、感动事迹、感恩故事，展示志愿者风采。2013年邀请《人民日报》、新华社、《湖北日报》、湖北电视台等近20家主流媒体的记者们参加全省红十字新闻宣传志愿者座谈会暨新闻骨干培训班，多种形式宣传红十字人道事业的新成就、新发展。对焦点新闻及时组织专题跟踪和深度报道，提升红十字会社会影响力。

另一方面，做好志愿者激励工作。志愿服务已实现标识统一、证件规范、活动多样。按照《中国红十字志愿者表彰奖励办法》，省红十字会每两年对在开展志愿服务中做出突出贡献的组织和个人进行表彰奖励。今年还将适时组织志愿者联谊会、座谈会，利用“志愿者日”等时机发放由会长或社会名流亲笔签名的慰问卡，同时督导各市、州做好表彰奖励。

在湖北省襄阳市襄城区尹集乡肖冲村，红十字资深志愿者正在为村民讲授预防雷电、烧烫伤、溺水、动物咬伤等安全课

志愿服务是美好的道德行为和重要的道德实践，是国际红十字运动的基本原则之一。志愿者是红十字会的重要人力资源，是红十字事业发展的群众基础。通过志愿服务所获得的连结感最为强大，参与接地气的服务时刻让人获得满足感，这种感觉弥足珍贵。近年来，红十字志愿服务工作进“省委 3 号文件”、进“十二五”规划、进年度工作要点、进财政预算（每年工作经费 15 万元）、进年度目标管理考核。红十字志愿服务已经深度融入红十字业务，红十字志愿者队伍不断成长壮大，红十字志愿服务工作步入规范化轨道。

二、志愿服务助推红十字事业科学发展的几点体会

一是必须充分发挥志工委、“志愿者之家”和志愿服务总队的作用。红十字志愿服务工作在省红十字会党组统一领导下，明确分管领导，省红十字会事业发展部具体负责。省红十字志工委负责对全省红十字志愿服务工作进行统筹规划、组织协调、指导检查、总结表彰；“志愿者之

家”为志愿者提供工作、交流、服务平台；志愿服务总队负责志愿服务工作的指导、协调和日常事务。各级组织明确分工、部署任务、履行职责、落实责任。

二是必须整合资源，共建共享。采用主办、协办、承办、合办、赞助和冠名等多种方式推动红十字志愿服务工作。各级红十字会一方面争取同级财政的支持，将具有红十字特色的志愿服务活动纳入各地志愿服务整体规划中；另一方面加强与爱心企业、爱心人士的联系，动员社会各方力量为志愿服务出资出力。各志愿服务工作委员会整合资源、协同合作，实现平台共享、资源共享、服务共享。

三是必须加大宣传，搞好服务。省红十字会坚持精神鼓励与物质奖励、活动激励与人文关怀相结合，增强志愿者对红十字志愿服务组织的认同感和归属感。及时报道红十字志愿者开展活动情况，加大对志愿者先进典型的宣传力度，扩大社会影响力，营造红十字志愿服务发展的社会氛围，不断壮大红十字志愿服务队伍。各级红十字志工委为志愿者提供必要的培训、物质条件和安全保障，对各地创意独特的活动提供人力、物力和财力支持。

四是必须打造品牌，着力提升。省红十字会和各级红十字会积极探索志愿服务活动的品牌化设计、项目化管理，逐步打造特色鲜明、影响广泛、民众欢迎、富有成效的工作品牌，不断提升红十字志愿服务工作水平。

三、关于志愿服务立法的几点建议

我省志愿服务立法要体现“志愿为民”宗旨，要体现湖北特色，既要有前瞻性，又要实在管用。要全面、客观地反映出当前我省志愿服务工作现状，全面反映和采纳各方面意见建议，符合中国特色志愿服务工作基本规律，符合新时期我省经济社会发展总体形势。

（一）建议确立志愿服务立法在推动社会治理创新、服务“大社会”中的重要作用

国内外形势的新变化、新特点，凸显了加强和创新社会治理问题的重要性。这些新变化、新特点可以概括为“五化两转”：席卷全球的市场化、国际化、工业化、城镇化、信息化浪潮，以及中国正在经历的经

2016 年 4 月 21 日至 23 日，“发展中国家灾害管理和人道主义救援研修班”学员考察了湖北清江画廊红十字救护站项目。学员们对红十字救护站在景区开展应急救援、保护游客生命安全等方面取得的成效表现出了浓厚的兴趣

济转轨和社会转型。这些给社会治理提出了新的挑战，志愿服务立法必须回答新形势下如何规范开展工作这个重大问题。志愿服务固然是一种个人选择，但更多有赖于法律或政策，而且是在经济大环境下的不断互动中巩固下来的。建议立法不仅要明晰志愿服务组织的范畴，而且还要提出政府鼓励和支持志愿服务的法定框架，从而有力促进志愿服务在现代社会治理中发挥出“制度推力”作用，为塑造公共服务文化增光添彩。

（二）建议建立志愿服务行为和志愿者保障体系

在从事人道救助工作实践中，有的志愿者在地震等灾害救援中遭遇险境，有的在偏远山区考察时突遇车祸，有的则因过度劳累而患上重病，等等。大多数志愿者作为草根阶层，其个人没有任何社会保障，志愿者所在单位也无力解决他们在从事志愿服务中的困难，遭遇意外时行之有效的办法，也只是通过媒体报道向社会发出求助吁请。如何让志愿者在服务中安心、踏实而无后顾之忧？如何让政府、社会各界和公益从业者重视志愿者的生存状况？志愿服务立法也必须予以回答。

志愿服务立法对志愿者应予以人文关怀，这样不仅能留住人才，也能吸引更多人才加入。志愿者的基本权益和保障需要包括政府在内的社会各界共同关注。志愿者参与社会公益活动，可以通过商业途径办理意外保险。通过立法，建立和完善志愿者的社会保险、生命保险、医疗保障制度，意义重大而深远。

（三）建议加强与社会主义核心价值观高度契合的志愿服务文化建设

志愿服务工作本质是一种公益慈善性活动，这正是中国传统文化的主旨。某种意义上，志愿精神是一种中国传统文化和传统精神，是传统思想在当代的另一种表现形式。中国人的慈善观念古已有之、源远流长。儒家“仁者，爱人”，孔子强调“泛爱众人”“博爱谓之仁”；墨家要让“饥者得食，寒者得衣”；道家讲究“上善若水”“济世利人”“慈爱和同”“异骨成亲”；佛教崇尚“慈悲为怀”“诸恶莫作”“众善奉行”“普度众生”等，这些理念无不蕴含着公益慈善理念。北宋时期苏东坡开办的“安济坊”，在黄州救助孤儿，以及范仲淹宣传的“义田”、朱熹从事的“社仓”等，都是古人对慈善思想的宣传与实践。这种亲情之仁爱的自然延伸，从根本上体现的正是“行善”“助人为乐”的精神实质。

但传统的慈善思想与现代意义上的志愿精神也有着本质区别。现代意义上的志愿精神是基于对和谐、美好生活的追求和向往，并不建立在讲究“因果报应”的基础上，更多的只是倡导无私奉献和执着追求。“奉献、友爱、互助、进步”的志愿精神，与“人道、博爱、奉献”的红十字精神是一脉相承的，由志愿精神所引导的志愿服务是践行人道主义精神的重要途径和从事人道救助的重要形式。志愿服务是国际红十字运动的基本原则之一，可以说，“无志愿服务，无红十字运动”。志愿服务有广泛的群众基础，在社会舆论氛围中，有道义的高度；在市场经济条件下，对过度功利也是伦理的对冲。建议加大志愿服务文化建设和理论研究扶持力度，建立志愿服务文化与社会主义核心价值观融合发展的体制机制。

（本文系作者在2014年6月湖北省人大科教文卫委员会召集的关于全省志愿服务立法座谈会上的发言提纲）

四个维度打造“暖新闻”

——以湖北省红十字宣传报道为例

第一个维度“谋”：全力谋划，用心思考

作为一名省红十字会宣传人员，主要是按照“用好红会语言、讲好红会故事、传播人道价值、体现湖北特色”的思路，围绕“三救、三献”工作开展宣传与传播，努力构建湖北红十字大宣传格局。

新闻宣传需要谋划，而且是全力谋划。我理解主要从三个层面来“谋”好宣传这件事。

（一）将红十字重大活动、重要事件实时立体呈现报道出来

近两年来，湖北省红十字会的重大活动、重要事件很多。每每活动或事件结束，都会及时宣传报道。

连续两年，湖北省红十字会与省电视台联合举办大型人道公益活动“红十字故事汇”，活动分导语、短片、叙说、访谈、对联展示等环节，组织捐赠者、捐献者、志愿者、受助者和红十字专职工作人员、媒体代表从不同视角、不同口吻、不同方面来讲述红十字小故事。活动初衷是通过专业策划，向岁月和历史汇总红十字最美人物和最感人故事，向荆楚人民汇报红十字人道成效。电视台知名主持人主持，全程 100 分钟，包含播放电视台摄制的公益短片。活动现场，省人大常委会副主任、省政协副主席和 20 多家省直部门领导应邀出席，20 余家媒体参与报道，几乎网罗了省内、驻武汉市各大主流媒体。活动宣传是立体式的，图、文、音频、视频，报纸、网站、电视、电台，传统媒体与新媒体同步宣传，同时在土豆网等商业网站上传了公益短片视频。故事汇活动连续两年在《中国红十字报》刊发了通讯稿《听亲历者讲那些暖心的故事——

湖北省红十字会“人道的絮语·红十字故事汇”大型公益活动侧记》和《讲红十字故事　做人道践行者——湖北省红十字会举办“水墨故事·人道荆楚”红十字故事汇》。后期整理的反映骨髓捐献工作者风采的随笔《打捞生命的希望》在《博爱》杂志和“中红在线”红报馆刊发。

2016 年，故事汇在省电视台公共新闻频道全程播出，引发了社会反响，收视达 285 万人次。讲故事、话人道，进一步弘扬了人道主义精神，倡导了现代文明社会主流价值观，扩大了红十字社会知晓率、影响力和美誉度。

2016 年底，湖北省红十字会还举办了“博爱之夜”答谢活动，对爱心企业、捐赠医疗单位、优秀组织单位、优秀志愿者服务队、骨髓捐献志愿者、人体器官捐献志愿者及协调员颁发了荣誉证书并敬献了鲜花。分管副省长、省政府副秘书长和 20 余家省直部门领导应邀出席。活动通过手语舞、致辞、VCR 播放、颁发奖牌、献花、诗朗诵、独唱、爱心企业签约与捐赠等形式，将红十字会的光辉历程、新时期红十字会的职能巧妙融入之中，形成了有冲击力的宣传攻势。

“博爱之夜”答谢晚会突出对捐赠方、“三献”志愿者的褒扬与敬意这一主题

2015 年 5 月 5 日，中国红十字会“十大”在北京胜利召开。经过努力争取，5 月 22 日，省委常委会听取了省红十字会关于“十大”精神及湖北省贯彻意见的汇报。因为涉及审稿问题，程序比较复杂，时间比较急迫，必须努力协调各方才能实现预期宣传效果。我及时收集相关信

息，一边与中国红十字报社联系，一边请示会领导协调审稿事宜，最终，5 月 26 日《中国红十字报》一版“贯彻落实‘十大’精神”专栏刊发了《以更大力度支持推动红十字事业发展——湖北省委常委会听取省红十字会关于“十大”精神及湖北省贯彻意见的汇报》一文。

自 2011 年省红十字会第六次全省会员代表大会以来，5 年间省委常委会先后两次听取了省红十字会工作汇报。这类报道主题重大，政治性很强，全面反映了“一个肯定和四点要求”，即对全省红十字会系统过去 5 年工作给予充分肯定；对全省各级党委、政府学习习总书记重要讲话精神，以更大的力度支持、推动红十字事业发展提出明确要求；对在全社会弘扬人道、博爱、奉献的红十字精神，凝聚正能量、引领新风尚提出要求；对全系统自身建设提出具体要求；对今后一个时期红十字会的重点工作指明方向、提出要求。这类报道主要起到鼓舞士气、提振精神的作用。

关于中国红十字（湖北）供水救援队培训演练的报道，反映了救援队自 2010 年组建以来的成长历程，和先后参与执行 2011 年湖北通城水灾、2013 年四川芦山地震救援任务发挥的重要作用、产生的重要影响，同时也呈现了演练活动得到红十字会与红新月会国际联合会东亚地区代表处主任索菲亚，总会部门领导、省政府应急办和省地震局有关负责人，北京、新疆、云南供水救援队同行的充分肯定。

2016 年 4 月 21 日至 23 日，由国家商务部委托中国红十字会总会承办的“发展中国家灾害管理和人道主义救援研修班”学员赴武汉市百步亭社区景兰苑居委会考察，探访红十字博爱家园爱心餐吧

关于发展中国家红会代表来鄂考察的报道，呈现了来自亚洲、非洲及拉美地区 13 个发展中国家的 39 名人道主义工作者在湖北为期一周、行程上千公里的“人道之旅”。该批国际友人对中国红十字事业的蓬勃兴旺发展留下了深刻印象。他们说：“尽管肤色不同、国籍不同、语言不通，但在人道的旗帜下，大家坚守着同样的信念，露出同样的笑容。”“从今以后，无论我们处在地球的哪个角落，当灾难不期而至，当人道危机突然降临，想到还有彼此的存在，感觉便不再孤单。”发展中国家红十字会官员研修班先后 3 次把湖北作为课程点，是对湖北省红十字会人道实践的一次展示与宣传。

关于 2015 年省红十字会心理救援志愿服务队参与“东方之星”号客轮翻沉事件遇难者家属心理救援的两篇通讯，主要呈现三个方面的内容：红十字会心理救援志愿服务队面临灾难义无反顾的崇高境界、博大情怀和强烈责任感；红十字会面对特殊使命积极作为、传播大爱，发挥的独特作用；服务对象的肯定、社会的赞誉、地方政府的褒奖。“有你们，就有安全感”，“你们来一次，就好一次”。这是受到心理干预帮助的遇难者家属和受伤者发出的心声。

“5 · 8 红十字博爱周”期间，红十字公益宣传广告在武汉三镇随处可见

关于义工夫妻接力捐献人体器官的报道，讲述了两年前妻子去世，捐出眼角膜让两名患者重见光明；两年后，丈夫离世，捐出遗体供医学教学用，孝感义工夫妻生前热心公益事业，逝后仍奉献大爱的故事。丈夫的大姐含泪相告：“小弟与弟媳两人都非常了不起！我们姐妹都商量过了，将来我们离开人世，也准备捐献遗体，向弟弟和弟媳致敬。”通

过一个器官捐献的故事，倡导、动员、激励民众参与到器官捐献行列中来，彰显利他主义的主流价值观，营造拯救生命、捐献光荣的良好社会舆论氛围。这便是宣传所要达到的最佳效果。

只有以最有力、最及时、最恰当的方式来报道，才能实现最佳社会宣传效果，达到影响力峰值。

湖北省红十字会与湖北电视台联手打造的“博爱荆楚”电视专栏，在每周日黄金时间播出。专栏聚焦红十字核心业务，讲述无偿献血、造血干细胞捐献、人体器官捐献“三献”人物故事、红十字志愿服务故事和社会公益达人故事，传递社会正能量

（二）将常态化红十字工作通过最佳新闻点集中报道出来

红十字宣传报道不能拘泥于一次性活动，系列报道、专题报道才有力量。如反映红十字志愿服务工作，就须从最近一次志愿服务到精准扶贫驻点村服务为新闻切入点，回顾利用援建项目筹建40个红十字志愿服务基地、全省系统内开展“爱相守·关爱农村留守儿童”主题志愿服务活动、省红十字会心理救援志愿服务队参与“东方之星”号客轮翻沉事件遇难者家属和受伤者心理干预，以及造血干细胞和人体器官捐献志愿服务活动，形成了《荆楚大地上的热心人——湖北省红十字会志愿服务工作纪实》的通讯稿。

（三）将红十字工作升华后通过纪实（侧记）等形式报道出来

《中国红十字报》开展的“公信力建设在路上”征文活动是一个很好的创意，得到全国红会系统的积极响应。公信力建设是个永恒的话

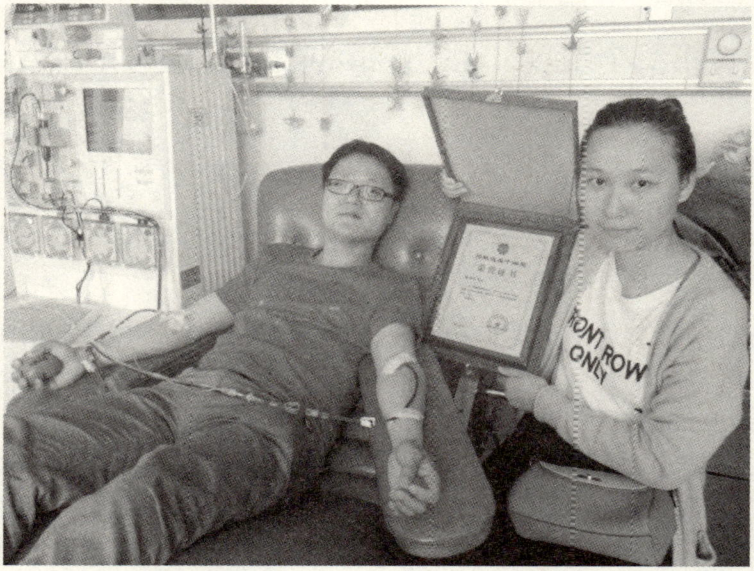

“患者在无菌仓里等待着移植手术，希望他（她）能尽早康复，能和其他同龄小朋友一样健康成长，一样地快乐生活。这便是我们志愿者最盼望的场景。”湖北省鄂州市造血干细胞捐献者陈迪志（左），在写给湖北省红十字会官方微信公众号的捐献故事中袒露捐献初心

题，可写的东西实在太多。按照最初的设想，湖北省红十字会计划采用“4+1”组合方式来全面报道公信力建设，即以“大宣传格局、信息化建设、文化建设、监督体系建设”打造“看得见、有感觉、敢放心，广传颂”的公信力，4 篇通讯加上 1 篇理论文章，这便是“4+1”组合的设想。因为我从事宣传工作，许多素材是现成的，最先出来的便是 2016 年 1 月份《中国红十字报》头条刊发的《构建大宣传格局　讲好红十字故事——湖北省红十字会加强公信力建设纪实》，“中红在线”红报馆也进行了刊发。盘点大宣传格局的构建历程，脑中浮现的几件标志性事件是不能不提的：组建省红十字新闻宣传志愿服务队，“网络事件”后的舆情管理，闪耀荆楚的红十字典型人物。回顾点点滴滴，脉络与框架是清晰的，故事是清晰的，具体的素材、细节也是清晰的，只需要稍加收集整理即可。于是，按照“独唱变合唱，宣传+传播，‘霞光’到‘群星’”三个方面形成了上面这篇通讯稿。目前，按照“4+1”组合的思路，大宣传格局、红十字文化建设、“四维”公信力建设三个选题均已完成并在《中国红十字报》刊发，其中两篇文章还被中央党校年刊收录。

第二个维度“写”：精心捕捉，随时记录

作为一名红十字专职宣传工作者，需要在持续的宣传报道实践中，不断增强新闻敏感性。

（一）建立自己的“素材库”

做宣传报道，平时要做有心人，勤于调研、善于积累、精于提炼，建立一个属于自己的新闻“素材库”，里面什么都有：论点、人物、故事、语言、数据，等等。建立这个“素材库”需要汇集两方面内容：一方面，包括总会和省委省政府的指导性意见或通知、理事会工作报告、年度工作要点、部门工作计划、项目实施方案、重要汇报材料；另一方面，主要是高层关于红十字的论述、权威的红十字理论观点、省内红十字典型人物故事、接地气的红十字群众语言、包括“三救、三献”红十字 12 项核心业务在内的年报数据。

湖北广电红十字爱心基金形象大使李锦泽赴黄冈市罗田县石头板教学点看望留守儿童，并带去价值 10 万元的童装以及 1 万元慰问金

这个新闻“素材库”，可以和作家“邮票般大小的故乡”媲美。某种意义上，著名作家都有属于自己的“故乡”。以两位荣获诺贝尔文学

奖的著名作家为例。莫言的故乡是山东高密东北乡，有两层含义：一个是生于斯长于斯的现实家乡；另一个则是他在小说里塑造的文学意义上的故乡，故乡为他的写作打开了一扇万能之门，助他在文学世界里完成了对故乡的回归与超越。美国著名作家福克纳以故乡“约克纳帕塔法世系”的神话王国，用他对家乡的全部爱憎，把这个密西西比北部小镇的历史与现实、时代的沿革与变迁、人们的痛苦和困惑……统统幻化成艺术的创造，奉献给人类一部部传世之作。

文学需要灵感，宣传报道也需要灵感，需要火花闪现。火花来自于对红十字核心业务的全面了解和感知，来自于对红十字精神的深刻理解与阐述，来自于对人道博爱力量传递的异常敏感和把控。所以，红十字宣传报道需要把握“4 个开关”。有活动写活动，尽力以点带面盘点呈现，由消息变成通讯；有最新数据、最新进展可写消息或通讯，尽力呈现当地特色亮点；有典型人物事迹要到一线采访，及时准确生动地讲好红十字故事；适时梳理总结提升写好理论文章。

2016 年湖北发生特大洪涝灾害，由中国红十字会支援湖北灾区的帐篷在受灾群众安置点发挥了独特作用，受到群众的欢迎

（二）在与媒体编辑老师互动中提升自己

“红十字故事汇”结束后，忙碌状态暂告一段落，一种惰性让人当时并未立即动手来写报道，至少没想好以何种形式来呈现，想等上几天再说。中国红十字报社编辑老师及时与我联系，我们探讨了报道的形

式，他的建议让我茅塞顿开。素材都是现成的，故事只需挑选其中的三四个，通过介绍、讲述、引用等方式，我很快完成了通讯稿的写作。有时候，不能人为地将宣传报道这件事复杂化了，简单一点、直接一点、明快一点，也许是宣传报道最好的方式。

湖北省红十字会组织中央驻汉媒体和省内主流媒体，探访荆州市沙市区观音垱镇泗场村博爱家园，感受长湖岸边渔民的新生活。市红十字会负责人徐莉（左）接受媒体记者的采访

（三）红十字宣传节点一个都不能少

严格意义上说，红十字工作与其他部门工作具有很大的不同，更具新闻性、民生性、公益性；关注困难群众和弱势群体，具有一种老百姓情怀；红十字工作内容丰富、活动频繁，具有“暖新闻”的所有要素。这是包括凤凰网、湖北省人民政府门户网、湖北电视台在内的熟识的媒体记者朋友亲口所言。只要红十字工作不停止，每日、每周、每月都是有暖新闻的，关键是如何去发现新闻点。湖北省红十字会非常重视宣传与传播工作，早在2015年便提出要讲好红十字故事，唱响红十字好声音，保持温度，形成气场，吸引更多志愿者和社会达人加入红十字博爱大家庭。

根据红十字会工作开展时间特点和几年来的宣传实践，我认为红十字宣传工作具有一定的时间节点规律，全年宣传报道可做如下布局：1

月，红十字博爱送万家；2 月，公益捐赠活动等；3 月，“3·5 中华慈善日”活动；4 月，清明节人体器官捐献；5 月，“5·8 世界红十字日”活动（红十字博爱周）；6 月，关爱儿童、“小天使基金”和“天使阳光基金”救助；7 月，系统内优秀党员评选活动；8 月，暑期关爱农村留守儿童；9 月，世界急救日、“圆梦助学”行动；10 月，“中国扶贫日”等救助活动；11 月，红十字主题采风活动；12 月，博爱家园集中展示；等等。

宣扬红十字会职能职责、工作成果、感人故事，红十字工作不停止，宣传报道不停歇。而所有宣传节点，一个都不能少，一个都不能漏。这是宣传干部的一种担当。

第三个维度“情”：认真履职，注入感情

（一）努力担当

宣传干部履职需要做到“坚守、改进、担当”，即坚守群众观点、人道信仰、人道情怀；不断改进宣传的方式方法；对红十字会职能职责、红十字好故事和人道好声音、新闻宣传新形势新任务新要求落实、舆情引导和公信力建设、新媒体建设和全系统“红十字大合唱”宣传的担当，时刻以通讯员角色保持宣传姿态、宣传语境和备战状态。

（二）锤炼文字

从办公室转岗到宣传岗位后，我比较注重资料的收集与整理，收集的过程也是学习、了解、盘点、吸纳的过程。权威、准确的措辞，工作推进、落地的措施，项目的背景与概况，关键性、原始性的数据，等等，都可以从上述材料中寻找或核实。宣传报道写作需要锤炼文字。一般层面的写作，做到不写病句和错别字，主题突出、条理清晰即可；更高层面的写作，则应写出核心、特色、风格与亮点，深度报道必须是以最恰当的方式写出最有力度的东西。“击中要害”，才能引发共鸣与思考。要做到这些就须多写、勤写，手不生疏、脑不生锈；多看、多收集；做到“工具箱”、“素材库”满当当，随“用”随“拿”。

（三）恪守真实

2015 年 6 月 1 日，举世关注的“东方之星”号客轮翻沉事件发生

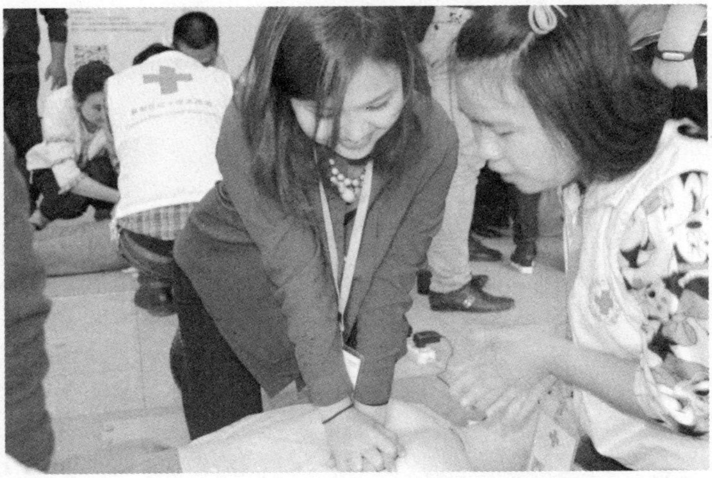

2016年4月17日至23日，中国红十字会总会举办的“发展中国家灾害管理和人道主义救援研修班”学员来到湖北，先后考察社区红十字志愿服务、学校红十字会工作和景区红十字救护站建设情况，行程上千公里，体验了一段难忘的“人道之旅”。图为学员在红十字救护员的指导下进行心肺复苏演练

后，2000多名乘客家属陆续从各地抵达事发地湖北省监利县。6月2日至8日，先后有15名省红十字会心理救援志愿服务队成员赴监利开展心理干预。由于不具备一线采访的条件，最后我采取的是电话采访，每天多个电话，早、中、傍晚，根据驻地救援指挥部要求上报工作和数据的时间节点来实时跟进，先后采访了担任联络员的同事，采访了救援队队长、副队长和核心队员，因为事件敏感、关注度极高，所有专业用词、数据都须反复沟通、核实。为保护隐私、规避风险，从一线发回的不多的图片，最后在媒体发布时都进行了技术性处理。陈竺会长和总会领导非常关注救援队一线工作开展情况。《中国红十字报》分别于6月5日、12日刊发通讯《风雨中，红十字“温暖”人心——湖北省红十字会心理救援队参与“东方之星”旅游客船翻沉事件救援》和《“有你们，就有安全感”——湖北省红十字会心理救援队继续开展“东方之星”旅游客船翻沉事件遇难者家属心理救援工作》。这两篇幅报道被数家媒体转载，为扩大红十字影响力加了分。

真实是新闻的生命。据参考消息报道：只有6%的美国人表示对媒体非常信任，这使得新闻业不被信任的程度与国会不相上下，公众对新闻媒体行业的信任程度远远低于对其他机构的信任。美国新闻学会的执行董事汤姆·罗森斯蒂尔说，新闻记者现在需要具备的能力要比以前多得多，这是因为新闻消费者的期望值提高了。根据民意调查结果显示，新闻报道的准确性显然是赢得受众信任的最重要因素。先有其事、再作报道，要尽量直接观察、现场采访，找到当事人进行采访，运用书证、物证和关键目击者来确认新闻事实，不断抵达真相。新闻报道要用事实说话，寻找和求证事实是宣传人员的基本任务。

宣传人员需要熟悉全盘工作，检索与之相关的全部资料，用最客观准确的说法予以报道，确保新闻作品真实可信。有时为了核对一个数据，需要翻遍多个材料、查证多张表格、接打多个电话，或者与当事人、项目负责同志沟通；有时为了推敲一个用词，需要检索多份文件，反复核对、探讨。我认为这都是报道通向真实的必经之路和必要环节。

第四个维度“借”：善用外力，借智发声

红十字宣传不够是湖北省红十字会系统的共性问题。深耕、细耕、精耕，吸纳媒体人士加入博爱大家庭，巧借外力，巧用“外脑”，是一条捷径。

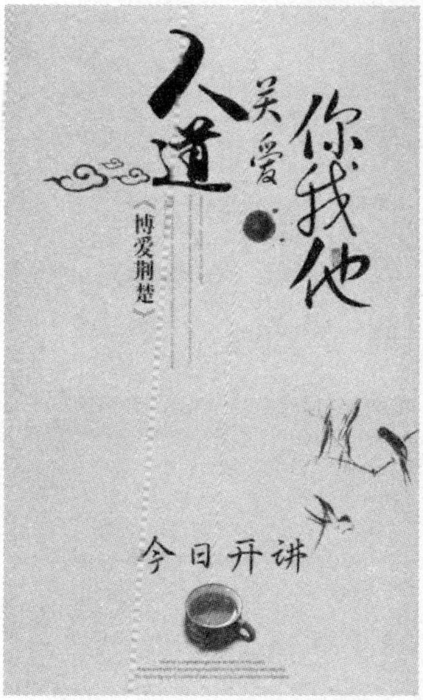

湖北省红十字会官方微信公众号博爱荆楚“人道关爱你我他”栏目，先后邀请媒体资深主编、知名艺术家、爱心企业代表、骨髓捐献者、资深志愿者、高校老师等撰文，畅谈红十字关爱的故事

（一）“联手行动”

近年来，我们持续加强与各大知名媒体合作。与省电视台联手宣传“圆梦助学”“急救培训”，联手打造“红十字故事汇”和“博爱之夜”晚会；与《湖北日报》联手宣传“楚天名医大讲堂”；连续两年清明节与凤凰网湖北频道联手宣传人体器官捐献，由他们打造的专题“印记”因手法新颖

创新得到广泛好评；与《长江商报》“楚天下”专栏联手专版报道人体器官捐献。争取媒体记者成为人道传播员，成为红十字“粉丝”，写红会、讲红会、赞红会。2016 年下半年，省红十字会依托湖北电视台公共频道开设“博爱荆楚”电视专栏，重点聚焦红十字核心业务，讲述无偿献血、造血干细胞捐献、人体器官捐献“三献”人物故事，以及红十字志愿服务故事、社会公益达人故事，每周日黄金时间如期而至，持续传递红十字社会正能量。

（二）“借力行动”

简单梳理近两年来在《中国红十字报》刊发的报道，有的是独立完成，有的则是借智借力联合报道。如依托《湖北画报》（省文联举办）、《今日湖北》（省新闻记者协会举办）两家杂志专业力量成立了省红十字会新媒体部，共同建设省红十字会官方微信公众号“博爱荆楚”；依托省红十字新闻宣传志愿服务队、全省人道通讯员建设新媒体通讯员队伍；依托知名媒体主编、美编担任编辑团队；由事业部人员和分管会领导组成审核团队，负责终审把关。

2016 年 9 月 17 日，湖北省红十字会官方微信公众号“博爱荆楚”联合湖北省人民政府门户网、《湖北画报》和《今日湖北》杂志举办“语·爱同行”读书会，来自传媒、教育、文化、企业界的读书爱好者分别从不同角度梳理世界范围内的仁爱精神，讲述人道主义最令人动容的故事。多名志愿者互动交流，现场气氛活跃

尝试线上与线下活动。2016 年 5 月，“博爱荆楚”微信公众号策划的“最美红十字志愿者”投票评选活动点击量达 3 万人，网民留言点赞

近300人次。同年9月，邀请“中国戏剧奖·梅花表演奖”获得者王荔，解放军总政歌舞团一级演员、著名男高音歌唱家程志，国家一级美术师、中国艺术家协会名誉会长查世煜，湖北省文联委员、湖北省毛泽东书法艺术研究会创始人、著名毛体书法艺术家宋明政4位艺术家共话人道，从践行人道精神、人道主义与青少年成长、关爱弱势群体等方面进行探讨，讲述艺术家心中埋藏已久的红十字故事，推动艺术与人道的结合与传播。此外，还联合省人民政府门户网、《湖北画报》、《今日湖北》，邀请传媒、教育、文化、企业界的读书爱好者开展人道读书会，从不同角度梳理世界范围内的仁爱精神，感悟人间真善美，用文化载体弘扬红十字精神。

近年来，借力多家纸媒力量开展宣传。2016年2月，以楚天都市报报道为基础，在《中国红十字报》头版头条刊发通讯稿《让生命散发出最后一道光芒——湖北省原政协主席沈因洛逝世后捐献遗体侧记》。以《湖北日报》神农架林区记者的报道为基础，在《中国红十字报》头版刊发通讯稿《莽莽林区的“生命看守者”——记全国红十字会系统先进集体神农架林区红十字会》；以《湖北日报》孝感记者的报道为基础，在《中国红十字报》头版刊发消息《义工夫妻的大爱接力》；向省网信办、凤凰网联合举办的“‘暖力量’新闻评选活动”推荐《三峡日报》捐献器官的报道，并成功入围。

（三）“兵团作战”

我见证了省红十字新闻宣传志愿服务队4年来的磨合发展，如今这支队伍已成长为省红十字会不可或缺的宣传伙伴，在新闻报道茫茫大海中倾力打捞红十字故事，歌唱人道好声音。与这支队伍同步发展的还有一支队伍三个矩阵。

一是省+市+县三级宣传队伍。全省13个市州、3个直管市和神农架林区红会都建有自己的宣传团队。同时，一支由100余人组成、延伸至县（市、区）的人道信息员队伍，集体发挥着讲好红十字故事的积极作用。

二是自媒体平台矩阵。主要有长江云“红十字政务”+“博爱荆楚”腾讯企鹅号+“博爱荆楚”官方微信公众号。其中，“博爱荆楚”腾讯企鹅号和“博爱荆楚”官方微信公众号实现一键同步，打通了自媒体与社会媒体对接通道。“博爱荆楚”企鹅号被腾讯网、大楚网评为2016年度湖北地区十大最具影响力政务新媒体之一。

三是新媒体战略合作矩阵。主要由人民网、新华网、中国青年网、中国日报中文网、“中红在线”红报馆、省人民政府门户网、腾讯-大楚网、凤凰网、汉网等中央驻汉和省内主流新媒体组成，初步形成了“新媒体战略合作矩阵”。

2017 年 1 月 13 日，湖北省红十字基金会开展“小水滴”亲子公益行动，探索用亲子模式吸纳更多目光关注先心病贫困患儿。图为参与亲子公益行动的小朋友现场向先心病患儿捐款

四是微信公众号矩阵。由“省红十字会和省人体器官捐献管理中心、省红十字基金会、中华骨髓库湖北分库+市、县两级红十字会官方微信公众号”组成。

注重“传统媒体+新媒体+自媒体”宣传，是省红十字会系统一以贯之的理念。宣传好红十字会搭建志愿服务平台，让“爱”时刻在身边；宣传好搭建应急救护平台，让“救”时刻在身边；宣传好搭建备灾救助平台，让“暖”时刻在身边；宣传好搭建“三献”服务平台，架起生命相助之桥。这是湖北省红十字会宣传与传播的总体方向。纵横联合，兵团作战，力量终将是无穷的。

（本文系作者 2017 年 1 月在内蒙古自治区红十字会作新闻宣传经验交流时的发言提纲）